交通运输企业安全生产标准化考评丛书

交通运输工程建设企业安全生产标准化考评指标释义

交通运输部安全监督司 编

人民交通出版社

内 容 提 要

本书为交通运输建筑施工企业安全生产达标考评指标释义，针对每一个指标，阐明了指标设置依据，对指标内容进行了深入解析，并提出了考评要点。

本书适合交通运输建筑施工企业安全生产管理人员学习参考，也可供交通运输建筑施工企业安全生产标准化考评员学习使用。

图书在版编目（CIP）数据

交通运输工程建设企业安全生产标准化考评指标释义/交通运输部安全监督司编．—北京：人民交通出版社，2012.8

ISBN 978-7-114-10035-2

Ⅰ.①交… Ⅱ.①交… Ⅲ.①交通运输企业－安全生产－标准化管理－注释－中国 Ⅳ.①F512.6

中国版本图书馆 CIP 数据核字（2012）第 207089 号

Jiaotong Yunshu Gongcheng Jianshe Qiye Anquan Shengchan Biaozhunhua Kaoping Zhibiao Shiyi

书　　名：交通运输工程建设企业安全生产标准化考评指标释义
著 作 者：交通运输部安全监督司
责任编辑：林宇峰
出版发行：人民交通出版社股份有限公司
地　　址：（100011）北京市朝阳区安定门外外馆斜街 3 号
网　　址：http://www.ccpress.com.cn
销售电话：（010）85285969，85285966
总 经 销：北京金飞图书发行中心
经　　销：各地新华书店
印　　刷：北京市密东印刷有限公司
开　　本：787×1092　1/16
印　　张：4.75
字　　数：109 千
版　　次：2012 年 8 月　第 1 版
印　　次：2015 年 11 月　第 5 次印刷
书　　号：ISBN 978-7-114-10035- 2
定　　价：20.00 元

序 XU

近年来，党和国家越来越重视安全生产工作，把安全生产置于前所未有的高度。交通运输作为国民经济和社会发展的基础和先导性行业，其安全生产是我国安全生产的重要组成部分，直接关系到人民群众生命财产安全，关系到改革发展稳定大局，关系到党和政府形象及声誉。

交通运输部一直高度重视安全生产工作，坚决贯彻党和国家关于安全生产一系列决策部署，坚持科学发展安全发展，坚持以人为本，坚持把安全生产工作放在首位，并作为推进现代交通运输事业发展的重要前提。

企业安全生产标准化是通过建立安全生产责任制，规范生产行为，健全长效管理机制，使各生产环节中的人、机、物、环处于良好状态，并持续改进，从而不断提升企业本质安全生产水平。

为更好地指导和推动全国交通运输企业安全生产标准化建设工作，按照国务院相关部署，交通运输部相继出台了交通运输企业安全生产标准化建设实施方案、考评管理办法、考评发证实施办法、考评机构管理实施办法和考评员管理实施办法，制定了达标考评指标。并组织有关单位和专家编写了交通运输企业安全生产标准化考评丛书。该丛书共13册，主要供各级交通运输主管部门、交通运输企业、考评机构和考评员学习使用。

希望全国交通运输系统各部门、各单位和从事安全生产标准化考评工作的人员按照交通运输部的统一部署，把加强企业安全生产标准化建设工作作为当前和今后一个时期的重要工作任务，抓好抓细抓实、抓出成效，进一步推进交通运输安全生产持续稳定好转。

交通运输部部长 李盛霖

2012年7月27日

交通运输企业安全生产标准化考评丛书

本书编写组

张　工　宋宏图　程　昊　宋佳森　宋　伟　陈佳元　王立强
杨云超　戴广超　张　赫　张世宇　褚冠全　张玲玲　张　峰

鸣　谢

北京市交通委员会

湖北省交通运输厅

重庆市交通委员会

江苏省交通运输厅

山西省交通运输厅

福建省交通运输厅

江西省交通运输厅

河南省交通运输厅

长江航务管理局

交通运输部水运科学研究院

中国船级社

中国交通建设集团

中远集团

中国外运长航集团

中国交通企业管理协会

北京交运安全卫生技术咨询中心

目 录 MULU

第一章　安全目标

本章规定了企业应制定安全目标，并实行安全目标管理，主要包括企业安全生产工作方针与目标、中长期规划、年度计划的制定及实行目标考核等要求。企业只有充分认识和正确理解安全生产方针，实施目标管理，才能保证各项安全管理措施的落实。

本章包含4项内容，涉及7个考评要点，考评满分为35分。

第一节　安全生产工作方针与目标

【依据】

《国务院关于进一步加强企业安全生产工作的通知》（国发〔2010〕23号）；

《国务院关于坚持科学发展安全发展促进安全生产形势持续稳定好转的意见》（国发〔2011〕40号）；

《交通行业中央企业安全工作考核管理办法》（交海发〔2006〕82号）。

一、制定企业安全生产方针、目标和不低于上级下达的安全控制指标。（★★★）

【释义】

《国务院关于进一步加强企业安全生产工作的通知》（国发〔2010〕23号）中要求"严格落实安全目标考核"。

《国务院关于坚持科学发展安全发展促进安全生产形势持续稳定好转的意见》（国发〔2011〕40号）中再次要求"把安全生产考核控制指标纳入经济社会发展考核评价指标体系，加大各级领导干部政绩业绩考核中安全生产的权重和考核力度。"

安全生产方针是企业安全生产工作的总体要求。企业根据自身的安全生产实际，制定安全生产方针与目标，必须遵守《中华人民共和国安全生产法》和其他有关安全生产的法律法规，加强安全生产管理，建立健全安全生产责任制度，完善安全生产条件，确保安全生产。

安全生产目标是企业为实现其安全生产使命，而采取的行动计划所确定的行动方向和标准。安全生产目标能够使各级领导及从业人员明确要重点防范的生产安全事故或安全生产工作的努力方向，有利于统一思想、统一调动各类资源，是企业向社会及从业人员做出的承诺，也是社会责任的一种重要体现。企业根据自身安全生产实际制定包括防止事故灾害和财产损失、保障人身安全与健康、保证生产安全运行的总体目标、中长期和年度目标。安全生产目标的制定要切合实际，既要符合国家的有关要求，又要切实可行，不能过高或过低，不能低于上级下达的安全控制指标。

安全生产目标的表述一般有三种形式：一是绝对数，如本企业职工年死亡人数不高于0.2‰；二是相对数，如较大事故起数下降30%以上；三是远景描述，如百亿元产值生产安全事故死亡率低于同行业平均水平。所以,安全生产目标可以是一种或几种方式并用。

《交通行业中央企业安全工作考核管理办法》(交海发〔2006〕82 号)第十三条中规定事故控制指标为:

(一)工伤事故死亡率控制在 0.2‰以内,重伤率控制在 0.5‰以内。

(二)船舶滞留率控制在 15‰以内。

(三)船舶安全面控制在 960‰以上,不发生负有主要责任的、死亡 10 人以上的重特大安全生产事故。

(四)船舶污染事故率控制在 10‰以内。

(五)机损事故率控制在 30‰以内。

【要点】

企业制定的安全工作方针、目标及安全考核指标的文件,要求内容明确、具体、量化,有时限性,并以文件形式正式发布。

二、制定实现安全工作方针与目标的措施。

【释义】

为了实现企业的安全生产工作方针与目标,企业要制定相应的工作要求和措施,明确责任人、责任部门以及完成的时间节点等。

【要点】

查阅企业制定实现安全工作方针与目标措施,是否包括工作要求、责任人、责任部门以及完成的时间节点等内容。

第二节　中长期规划

【依据】

《国务院关于进一步加强企业安全生产工作的通知》(国发〔2010〕23 号)。

一、制订和实施企业安全生产中长期规划和跨年度专项工作方案。(★★)

【释义】

《国务院关于进一步加强企业安全生产工作的通知》(国发〔2010〕23 号)中明确要求:“企业要把安全生产工作的各项要求落实在企业发展和日常工作之中,在制定企业发展规划和年度生产经营计划中要突出安全生产,确保安全投入和各项安全措施到位。”

为实现安全生产工作方针与目标,企业应当制定安全生产发展规划,并将其纳入企业总体发展战略规划,实现安全生产与企业发展的同步规划、同步实施、同步发展。

安全生产规划可分为中长期规划和跨年度专项工作方案(或称为滚动规划)。规划内容包括企业安全生产现状的分析、指导思想与规划目标、主要任务与保障措施等内容。

【要点】

查阅企业制订的安全生产规划,是否包括企业安全生产现状分析、指导思想、规划目标、主要任务、保障措施等内容。

查阅企业制定的跨年度专项工作方案(或称为滚动规划),是否进行目标分解。

安全生产规划与专项工作方案均应以文件形式正式发布。

第三节 年度计划

【依据】

《国务院关于进一步加强企业安全生产工作的通知》(国发〔2010〕23号)。

一、根据中长期规划,制定年度计划和年度专项活动方案,并严格执行。

【释义】

按照中长期规划目标和要求,企业要逐年推进安全生产工作的进步。特别是要针对某些突出的安全生产问题或隐患,通过制定年度计划和年度专项活动方案,进一步细化工作,使其更具有针对性和操作性,包括指导思想、活动主题、组织机构、工作目标、时间节点与具体活动内容等。

【要点】

查阅企业为实现中长期规划而制定的年度计划和年度专项活动方案的相关文件资料及活动记录。

第四节 目标考核

【依据】

《国务院关于进一步加强企业安全生产工作的通知》(国发〔2010〕23号);

《国务院关于坚持科学发展安全发展促进安全生产形势持续稳定好转的意见》(国发〔2011〕40号)。

一、将安全生产管理目标进行细化和分解,制定阶段性的安全生产控制指标。

【释义】

企业要结合实际,按照组织结构及下属单位在安全生产中可能面临的风险大小,将企业年度的安全生产目标转化成阶段性的安全生产控制指标,并逐级分解,通过层层签订安全生产责任状的方式,落实到每个单位、部门、班组和岗位。

【要点】

查阅企业制定阶段性安全生产控制指标的文件,是否对安全生产管理指标进行细化,并分解到各职能部门和岗位。

查阅签订的责任书,各项控制指标是否在上级下达的控制指标范围内,责任书上的签字是否为双方安全生产第一责任人。

二、制定安全生产目标考核与奖惩办法。

【释义】

《国务院关于进一步加强企业安全生产工作的通知》(国发〔2010〕23号)中明确要求:

“对企业完成年度生产安全事故控制指标情况进行严格考核，并建立激励约束机制。”

激励约束、奖优罚劣是促进企业各项安全生产目标完成的一种有效方法，企业要制定相应的规章制度或管理办法明确考核与奖惩的程序和要求。

【要点】

查阅企业制定的安全生产目标考核与奖惩办法等相关规章制度及文件资料。

三、定期考核年度安全生产控制指标完成情况，并奖惩兑现。

【释义】

《国务院关于坚持科学发展安全发展促进安全生产形势持续稳定好转的意见》（国发〔2011〕40号）中明确要求：“把安全生产考核控制指标纳入经济社会发展考核评价指标体系，加大各级领导干部政绩业绩考核中安全生产的权重和考核力度。把安全生产工作纳入社会主义精神文明和党风廉政建设、社会管理综合治理体系之中。制定完善安全生产奖惩制度，对成效显著的单位和个人要以适当形式予以表扬和奖励，对违法违规、失职渎职的，依法严格追究责任”。

企业要对所属下级单位进行年度安全生产控制指标完成情况进行考核，考核结果要与绩效挂钩，并根据考核结果进行奖优罚劣，严肃查处每起责任事故，严格追究事故责任人的责任。

【要点】

查阅企业对年度安全生产目标完成情况进行定期考核、奖惩兑现的文件资料及活动记录。

第二章　管理机构和人员

本章规定了企业应当依法设置安全管理机构，配备安全管理人员。主要包括企业安全管理机构的设置和管理人员的配备等要求。建立健全合理的安全管理机构，足额配备安全管理人员，在企业中形成安全管理的组织体系，有效地进行安全生产指挥和协调，是安全生产必不可少的组织措施。

本章包含 2 项内容，涉及 5 个考评要点，考评满分为 35 分。

第一节　安全管理机构

【依据】

《安全生产许可证条例》（国务院令第 397 号）；

《建设工程安全生产管理条例》（国务院令第 393 号）；

《交通行业中央企业安全工作考核管理办法》（交海发〔2006〕82 号）。

一、成立安全生产委员会（或领导小组），下属各分支机构分别成立相应的领导机构。安委会职责明确，实行主要领导负责制。（★★）

【释义】

《交通行业中央企业安全工作考核管理办法》（交海发〔2006〕82 号）中第四条规定："按照国家有关规定，建立企业一把手为领导的安全生产委员会，并完善相关工作制度。"

安全生产委员会（或安全生产领导小组）是企业安全生产管理的最高决策机构，应由企业安全生产第一责任人、分管领导与有关各部门人员组成，包括党、政、工、团等。负责统一领导本企业的安全生产工作，对企业安全生产重大事项进行决策，审定企业安全生产计划和实施情况、审定安全生产规章制度，审定安全生产考核结果与奖罚等事项。当机构人员变动时应及时调整。

【要点】

查阅企业成立安全生产安委会、各下属各分支机构分别成立相应的领导机构（或安全生产领导小组）及相关工作职责的文件资料。

查阅企业是否实行主要领导负责制，工作职责明确。

查阅安委会、安全领导小组组成人员是否符合要求，并适时进行调整。

二、按规定设置独立的安全生产管理机构。（★★★）

【释义】

《建设工程安全生产管理条例》（国务院令第 393 号）和《安全生产许可证条例》（国务院令第 397 号）中规定，施工单位应当设立安全生产管理机构，配备专职安全生产管理人员。

《交通行业中央企业安全工作考核管理办法》(交海发〔2006〕82号)中第四条规定:“按照国家有关法律法规规定,建立企业直属一级的、独立的安全生产管理机构,并配置足够的安全生产管理人员,保证有效地开展安全生产管理工作。”

企业必须设置专门的安全生产管理机构(或称为安全生产监督管理部门),对安全生产工作进行归口统一管理。安全生产监督管理部门是企业内部设置的专门负责安全生产管理事务的独立部门,对其他职能部门的安全生产管理工作进行综合协调和监督。其部门级别与其他部门同级,与企业的审计、监察等部门同属监督管理体系。

【要点】

查阅企业设置专门的安全生产管理机构(或称为安全生产监督管理部门)及其明确工作职能的文件资料。

三、定期召开安全生产委员会会议。安全生产管理机构和下属各分支机构每月至少召开一次安全工作例会。

【释义】

《交通行业中央企业安全工作考核管理办法》(交海发〔2006〕82号)中第五条规定:“建立安全生产专题会议制度。每年召开不少于1次安全生产工作会议;每季度至少召开1次安全生产工作例会。”

企业应该每年召开1次安全生产工作会议,每季度召开1次安全生产委员会会议(或安全生产领导小组会议),下属各分支机构每月至少召开1次安全生产工作例会。

【要点】

查阅安全生产委员会会议记录、安全工作例会记录、会议纪要及会议出席人员的签字等文件资料。

第二节　管理人员配备

【依据】

《公路水运工程安全生产监督管理办法》(交通部令2007年第1号);

《建筑施工企业安全生产管理机构设置及专职安全生产管理人员配备办法》(建质〔2008〕91号);

一、按规定足额配备专职安全生产和应急管理人员。(★★★)

【释义】

企业必须配备专职安全生产管理人员。专职安全生产管理人员是指在企业中专门负责安全生产管理,不再兼做其他工作的人员。企业安全生产管理部门的专职安全生产管理人员可兼职应急管理的工作职责。

《建筑施工企业安全生产管理机构设置及专职安全生产管理人员配备办法》(建质〔2008〕91号)第八条中规定:

建筑施工企业安全生产管理机构专职安全生产管理人员的配备应满足下列要求,并应根据企业经营规模、设备管理和生产需要予以增加：

（一）建筑施工总承包资质序列企业：特级资质不少于6人；一级资质不少于4人；二级和二级以下资质企业不少于3人。

（二）建筑施工专业承包资质序列企业：一级资质不少于3人；二级和二级以下资质企业不少于2人。

（三）建筑施工劳务分包资质序列企业：不少于2人。

（四）建筑施工企业的分公司、区域公司等较大的分支机构（以下简称分支机构）应依据实际生产情况配备不少于2人的专职安全生产管理人员。

《公路水运工程安全生产监督管理办法（交通部令2007年第1号）》第二十一条中规定：

"公路水运工程的施工现场应当按照每5000万元施工合同额配备1名的比例配备专职安全生产管理人员，不足5000万元的至少配备1名。"

【要点】

查阅企业足额配备安全生产管理部门专职安全生产管理和应急管理人员，并明确其岗位职责及任命的文件资料。

核对所有专职安全生产管理人员的考核培训合格证书（C类证书）。

二、公司领导班子设置专职安全生产负责人。（★★）

【释义】

企业领导班子中应设置专职安全生产负责人，一般为企业的副总裁或副总经理，也可以是技术负责人，或安全总监（但必须是公司领导班子的成员）。

【要点】

查阅企业任命领导班子中专职安全生产负责人的文件资料。

核对专职安全生产负责人的考核培训合格证书（A类证书）。

第三章　安全责任体系

本章规定了企业建立安全生产责任体系的要求。主要包括健全安全生产责任制，对责任制落实情况进行考评，对全员实行"一岗双责"等内容。建立健全安全生产责任体系是进一步增强企业各级负责人员、各职能部门及全体员工对安全生产的责任感；明确在安全生产中应履行的职能和应承担的责任，要充分调动各级人员和各部门在安全生产方面的积极性和主观能动性，确保安全生产。

本章包含2项内容，涉及6个考评要点，考评满分为45分。

第一节　健全责任制

【依据】

《中华人民共和国安全生产法》；

《中央企业安全生产监督管理暂行办法》（国务院国有资产监督管理委员会令第21号）。

一、企业主要负责人、分管领导、全体员工安全职责明确，制定并落实安全生产责任制，层层签订安全生产责任制，并落实到位。（★★★）

【释义】

《中华人民共和国安全生产法》第四条中规定："生产经营单位必须遵守本法和其他有关安全生产的法律、法规，加强安全生产管理，建立、健全安全生产责任制度，完善安全生产条件，确保安全生产。"

安全生产责任制是企业安全生产的核心，是安全生产管理的源头。安全生产责任制应明确规定企业领导者、管理者及所有从业人员、各管理部门、各级单位对安全生产应负的责任、权利和义务。企业的安全生产责任制应覆盖企业的所有方面，即"纵向到底、横向到边"。通过企业有关规定或体系文件的发布，层层签订安全生产责任制，明确各岗位人员的安全生产职责。

【要点】

查阅企业制定的安全生产分级责任制的文件，是否覆盖到所有部门、岗位人员，包括主要负责人、分管领导和全体从业人员。

查阅企业签订安全生产责任书的等相关文件资料。

检查企业定期检查责任制落实情况、是否及时解决执行中的问题。

二、主要负责人或实际控制人是安全生产第一责任人，按照安全生产法律法规赋予的职责，对安全生产负全面组织领导、管理责任和法律职责，并履行安全生产的责任和义务。

【释义】

企业应明确安全生产第一责任人及其安全生产的职责。安全生产第一责任人一般为总裁或总经理。按照《中华人民共和国安全生产法》中第十七条的规定，其主要职责应包括：

（一）建立、健全本单位安全生产责任制。

（二）组织制定本单位安全生产规章制度和操作规程。

（三）保证本单位安全生产投入的有效实施。

（四）督促、检查本单位的安全生产工作，及时消除生产安全事故隐患。

（五）组织制定并实施本单位的生产安全事故应急救援预案。

（六）及时、如实报告生产安全事故。

【要点】

询问企业的安全生产第一责任人（主要负责人或实际控制人），是否牢记所负有的安全生产工作的职责。

查看企业安全生产第一责任人（主要负责人或实际控制人）持有的考核培训合格证书（A类证书）。

三、分管安全生产的负责人是安全生产的重要负责人，统筹协调和综合管理企业的安全生产工作，对安全生产工作负重要管理责任。

【释义】

《中央企业安全生产监督管理暂行办法》（国务院国有资产监督管理委员会令第21号）中规定："企业主管安全生产工作的负责人协助主要负责人落实各项安全生产法律法规、标准，统筹协调和综合管理企业的安全生产工作，对企业安全生产工作负综合管理领导责任。"

【要点】

询问企业分管安全生产的负责人是否牢记所负有的安全生产工作的职责。

查看分管安全生产的负责人是否持有考核培训合格证书（A类证书）。

四、其他负责人和全体员工实行"一岗双责"，对业务范围内的安全生产工作负责。

【释义】

《中央企业安全生产监督管理暂行办法》（国务院国有资产监督管理委员会令第21号）中规定：

"企业主管生产的负责人统筹组织生产过程中各项安全生产制度和措施的落实，完善安全生产条件，对企业安全生产工作负重要领导责任。

……

企业其他负责人应当按照分工抓好主管范围内的安全生产工作，对主管范围内的安全生产工作负领导责任。"

企业应明确各业务分管负责人，包括副总裁或副总经理，技术负责人，党、政、工、团以及全体员工除本职工作之外的安全生产职责。

【要点】

查阅企业实行"一岗双责"的有关文件资料。

查阅相关人员履行安全生产职责的活动记录。

五、安全生产管理机构、各职能部门、生产基层单位的安全职责明确并落实到位。

【释义】

通过企业有关文件的发布，明确企业安全生产管理部门、各职能部门、生产基层单位的安全生产职责。

【要点】

查看企业现行有效的安全生产组织机构图，检查各安全生产管理机构、职能部门、生产基层单位的安全职责是否明确，并落实到位。

第二节　责任制考核

【依据】

《交通行业中央企业安全工作考核管理办法》(交海发〔2006〕82 号)。

一、根据安全生产责任制进行定期考核和奖惩，公告考评和奖惩情况。(★★)

【释义】

《交通行业中央企业安全工作考核管理办法》(交海发〔2006〕82 号)第五条中规定："建立安全生产考核制度。每年对企业各部门及单位安全生产工作进行考核，并根据考核结果奖优罚劣。"

企业通过各级安全生产第一责任人之间相互签订安全生产责任书的形式，将安全生产各项管理要求、控制指标层层传递，逐级落实安全生产责任。

一般情况下，企业对下属各单位为年度考核；下属单位对所属子公司、分公司为半年考核；各子公司、分公司对项目部为季度考核。考评和奖惩结果应进行公告。

【要点】

查阅企业定期进行安全生产考核、奖惩等相关文件资料及活动记录。

查看安全生产考评和奖惩结果是否进行了公告。

第四章　法规和安全管理制度

本章规定了企业应正确运用法规，建立各项安全生产管理制度。主要包括资质、法规、安全管理制度、岗位安全生产操作规程、制度执行及档案管理等内容。企业建立健全安全生产管理制度是企业的法定责任，是安全生产的重要保障，是保护从业人员安全与健康的重要手段。

本章包含5项内容，涉及11个考评要点，考评满分为70分。

第一节　资　　质

【依据】

《安全生产许可证条例》(国务院令第397号)；

《施工总承包企业特级资质标准》(建市〔2007〕72号)。

一、《企业法人营业执照》、《资质证书》等合法有效，经营范围符合要求。(★★★)

【释义】

《企业法人营业执照》、《资质证书》和《安全生产许可证》是企业合法经营及在一定的范围内具备何种生产能力的凭证。无证或证书未及时进行年检或超越资质等级承接工程的都属于违法行为。

《安全生产许可证条例》(国务院令第397号)第二条中规定：国家对矿山企业、建筑施工企业和危险化学品、烟花爆竹、民用爆破器材生产企业实行安全生产许可制度。企业未取得安全生产许可证的，不得从事生产活动。

《企业法人营业执照》为每年一检，《安全生产许可证》为每三年一检。

《建筑业企业资质证书》是施工企业经政府建设行政主管部门进行资质等级核定，取得相应的资质等级证书后，在其资质等级许可范围内从事生产经营活动的凭证。

按照《施工总承包企业特级资质标准》(建市〔2007〕72号)中的规定，施工企业资质划分为施工总承包、专业承包和建筑业劳务分包三个序列。每个序列的施工企业按其承包施工的工程性质、技术特点划分为若干类，每类施工企业又设若干个等级。其中施工总承包企业资质分12类，各设特级、一级、二级、三级4个等级；专业承包企业资质分60类，各设一级、二级、三级3个等级；建筑业劳务分包企业资质分13类，各设1~2个等级。

各序列各级别的施工企业必须在规定的施工范围内承包工程，不能超越承包范围，不能涂改转让出借企业资质证书，也不能将承揽的工程转包或违法分包。

【要点】

查看《企业法人营业执照》、《资质证书》合法有效，经营范围是否符合要求。

查看《安全生产许可证》年检是否有效。

第二节　法　　规

一、及时识别、获取适用的安全生产法律法规、标准规范。

【释义】

企业应及时识别、获取与本单位、本部门生产及管理活动相适应的安全生产法律法规、标准规范，以确保企业能及时掌握最新有效的有关安全生产法律法规、标准规范及其他要求。

【要点】

查看企业收集适用的相关法律法规、标准规范等文件资料。

核对其内容是否为最新有效版本。

二、将法规标准和相关要求及时转化为本单位的规章制度，贯彻到各项工作中。

【释义】

安全生产规章制度是企业规章制度的重要组成部分，是保证企业生产经营活动安全、顺利进行的重要保障。企业要及时识别和获取法律法规、标准规范及其他要求，及时转化，与本企业的安全生产管理制度、操作规程相融合，保持与现行的安全生产法律法规、标准规范及其他要求的一致性，并贯彻到安全生产管理各项工作中，做到有章可循、有法必依。

【要点】

查看企业制定的规章制度，其内容是否符合现行法规标准和相关要求。

三、将适用的安全生产法律、法规、标准及其他要求及时对从业人员进行宣传和培训。

【释义】

企业应组织有关部门和人员进行学习和培训，及时将与本企业安全生产管理有关的法律法规、标准规范及其他要求进行宣贯。

【要点】

查阅企业对从业人员进行宣传和培训的相关文件资料及活动记录。

第三节　安全管理制度

【依据】

《国务院关于进一步加强企业安全生产工作的通知》(国发〔2010〕23 号)。

一、制定并及时修订安全生产管理制度，包括：

(1)安全生产责任制；

(2)安全例会制度；

(3)文件和档案管理制度；

(4)安全生产费用提取和使用管理制度；

（5）设施、设备、货物安全管理制度；

（6）安全生产培训和教育学习制度；

（7）安全生产监督检查制度；

（8）事故统计报告制度；

（9）安全生产奖惩制度。（★★★）

【释义】

《国务院关于进一步加强企业安全生产工作的通知》（国发〔2010〕23号）中明确要求，企业要健全完善严格的安全生产规章制度，坚持不安全不生产。

安全生产管理制度是企业规章制度的重要组成部分，是保证企业生产经营活动安全、顺利进行的重要制度保障，包括安全管理与安全技术两个方面。

安全生产规章制度应做到目的明确、文字表达条理清楚、结构严谨、用词准确、文字简明、标点符号正确，应按照企业规定的格式进行编写。规章制度应明确目的、使用范围、主管部门、具体内容、解释部门和实施日期等。

企业制定和执行的安全生产管理规章制度、标准不低于国家和行业要求。

企业安全生产规章制度的发布应采用固定的发布方式，如通过红头文件形式或在企业内部办公网络发布等。发布的范围应覆盖到相关部门及所有从业人员，必要时注明废止的旧版本或有关规章制度。

【要点】

查阅企业制定的安全生产管理制度的文件。

核对安全生产管理制度内容是否为最新有效并符合要求。

二、对从业人员进行安全生产管理制度的学习和培训。

【释义】

安全生产规章制度发布后，企业应对从业人员进行安全生产管理制度的培训，还要就安全操作规程类的规章制度对相关人员进行考核，合格后方能上岗作业。初次培训时间不少于24学时，此外每年还应根据企业实际及国家有关要求进行再教育。

【要点】

查阅企业开展安全生产管理规章制度、操作规程的教育培训、考核等活动记录。

第四节　岗位安全生产操作规程

【依据】

《中华人民共和国安全生产法》。

一、制定并及时修订各岗位的安全生产操作规程，并发放到各岗位（职工）。（★★★）

【释义】

安全生产操作规程是企业根据各个岗位生产特点，在充分识别、评价岗位存在的安全风险、危险有害因素，有针对性地提出控制措施的基础上编制的岗位操作规程，是规范从业人员的操作行为，避免事故的发生而制定的具体技术要求和实施程序的规定。

企业可以组织熟悉岗位的操作人员和专业技术人员，按照作业前、作业中、作业后的作业顺序中存在的安全风险，并参照规章制度、安全技术标准规范及设备制造厂的使用说明书等编制岗位安全生产操作规程。岗位安全操作规程应包括：岗位危险源、控制标准、操作中的安全方法和严禁事项，凡有重大或重要危险源的岗位，应有应急救援预案或应急措施。企业在投入使用新技术、新工艺、新设备之前，应先制定安全操作规程或安全操作注意事项。岗位安全操作规程应随工艺或设备的变更及时进行更新，并保持最新有效。

安全生产操作规程应及时发放到各岗位，方便员工掌握和执行。

【要点】

查阅企业制定的各岗位安全生产操作规程文本。

核对安全生产操作规程内容是否及时修订，并符合相关要求。

查阅企业安全生产操作规程的发放记录。

抽查岗位人员是否有岗位安全操作规程。

二、对从业人员进行安全操作规程的学习和培训；从业人员严格执行本单位的安全操作规程。

【释义】

《中华人民共和国安全生产法》第二十一条中规定："生产经营单位应当对从业人员进行安全生产教育和培训，保证从业人员具备必要的安全生产知识，熟悉有关的安全生产规章制度和安全操作规程，掌握本岗位的安全操作技能。未经安全生产教育和培训合格的从业人员，不得上岗作业。"

第三十六条中规定："生产经营单位应当教育和督促从业人员严格执行本单位的安全生产规章制度和安全操作规程；并向从业人员如实告知作业场所和工作岗位存在的危险因素、防范措施以及事故应急措施。"

企业应对从业人员进行安全生产操作规程的学习和培训，从业人员应严格执行本单位的安全操作规程。

【要点】

查阅企业开展安全操作规程学习培训的相关活动记录。

抽查从业人员的学习和培训记录、签字等。

第五节　制度执行及档案管理

【依据】

《生产安全事故档案管理办法》（安监总办〔2008〕202 号）。

一、执行国家有关安全生产方针、政策、法规及本单位的安全管理制度和操作规程，依据行业特点，制定企业安全生产管理措施。

【释义】

企业应严格执行国家有关安全生产方针、政策、法规及本单位的安全生产管理制度和操作规程，并依据行业特点，制定企业安全生产管理措施。

【要点】

查阅企业制定的安全生产管理措施文件资料。

二、每年至少一次对安全生产法律法规、标准规范、规章制度、操作规程的执行情况进行检查。

【释义】

企业应每年至少一次对安全生产法律法规、标准规范、规章制度、操作规程的执行情况进行检查、评估，确保其有效性。

【要点】

查阅企业对安全生产法律、标准规范、规章制度、操作规程等执行情况是否进行定期检查，并有相关活动记录。

三、建立和完善各类台账和档案，并按要求及时报送有关资料和信息。（★★★）

【释义】

企业应规范与安全生产有关的过程、事件、活动、检查、生产安全事故档案等活动的记录进行标准化管理，完善档案与台账的分类，将所做的安全生产工作记录在规定的载体上，包括活动记录、检查表、报告、电子文档等，按要求及时报送有关资料和信息，使过程可以进行追溯，有益提高工作效率，保证工作的质量。

台账包括：事故台账、特种设备台账、特种作业人员台账、教育培训台账、安全生产费用台账、合格分包商台账等；文件档案包括：收发文、工作计划与总结、安全考核、安全例会、安全检查、应急预案、应急演练、事故报表、危险源监控等。

《生产安全事故档案管理办法》（安监总办〔2008〕202 号）中规定：

“生产安全事故档案，是指生产安全事故报告、事故调查和处理过程中形成的具有保存价值的各种文字、图表、声像、电子等不同形式的历史记录。

事故档案的管理应与事故报告、事故调查和处理同步进行。参加事故调查处理的有关单位及个人都有维护事故档案完整、准确、系统、安全的义务。任何单位和个人都不得将事故档案据为己有或拒绝归档。”

第七条中规定：“事故调查及处理工作中应归档的文件材料主要有：

（一）事故报告及领导批示；

（二）事故调查组织工作的有关材料，包括事故调查组成立批准文件、内部分工、调查组成员名单及签字等；

（三）事故抢险救援报告；

（四）现场勘查报告及事故现场勘查材料，包括事故现场图、照片、录像，勘查过程中形成的其他材料等；

（五）事故技术分析、取证、鉴定等材料，包括技术鉴定报告，专家鉴定意见，设备、仪器等现场提取物的技术检测或鉴定报告以及物证材料或物证材料的影像材料，物证材料的事后处理情况报告等；

（六）安全生产管理情况调查报告；

（七）伤亡人员名单、尸检报告或死亡证明、受伤人员伤害程度鉴定或医疗证明；

（八）调查取证、谈话、询问笔录等；

（九）其他有关认定事故原因、管理责任的调查取证材料，包括事故责任单位营业执照及有关资质证书复印件、作业规程及矿井采掘、通风图纸等；

（十）关于事故经济损失的材料；

（十一）事故调查组工作简报；

（十二）与事故调查工作有关的会议记录；

（十三）其他与事故调查有关的文件材料；

（十四）关于事故调查处理意见的请示（附有调查报告）；

（十五）事故处理决定、批复或结案通知；

（十六）关于事故责任认定和对责任人进行处理的相关单位的意见函；

（十七）关于事故责任单位和责任人的责任追究落实情况的文件材料；

（十八）其他与事故处理有关的文件材料。"

第十一条中规定："事故档案的保管期限分为永久、30 年两种。

凡是造成人员死亡或重伤，或 1000 万元以上（含 1000 万元）直接经济损失的事故档案，列为永久保管。

未造成人员死亡或重伤，且直接经济损失在 1000 万元以下的事故档案，结案通知或处理决定以及事故责任追究落实情况的材料列为永久保管，其他材料列为 30 年保管。"

【要点】

查阅企业建立的各类台账和档案及报送有关信息和文件资料，是否及时存档，档案管理是否规范。

查看档案检索是否方便易行，文件还原清晰。

第五章　安 全 投 入

本章是关于企业依法设置和有效使用安全生产专项资金的规定，主要包括资金投入、费用管理等要求。安全投入是安全生产的基本保障，对于安全生产所需的设备、设施、宣传等资金投入必须充足。

本章包含2项内容，涉及5个考评要点，考评满分为45分。

第一节　资 金 投 入

【依据】

《中华人民共和国安全生产法》；

《企业安全生产费用提取和使用管理办法》（财企〔2012〕16号）；

《公路水运工程安全生产监督管理办法》（交通部令2007年第1号）。

一、按规定足额提取安全生产费用。（★★★）

【释义】

企业应当严格按照国家和行业的有关规定，足额提取安全生产费用。安全生产费用应当专户核算并编制使用计划，明确费用投入的项目内容、额度、完成期限、责任部门和责任人等，确保安全生产费用投入的落实。

《企业安全生产费用提取和使用管理办法》（财企〔2012〕16号）第七条中规定："建设工程施工企业以建筑安装工程造价为计提依据。各建设工程类别安全费用提取标准如下：

（一）矿山工程为2.5%；

（二）房屋建筑工程、水利水电工程、电力工程、铁路工程、城市轨道交通工程为2.0%；

（三）市政公用工程、冶炼工程、机电安装工程、化工石油工程、港口与航道工程、公路工程、通信工程为1.5%。

建设工程施工企业提取的安全费用列入工程造价，在竞标时，不得删减，列入标外管理。国家对基本建设投资概算另有规定的，从其规定。

总包单位应当将安全费用按比例直接支付分包单位并监督使用，分包单位不再重复提取。"

第十五条中规定："企业在上述标准的基础上，根据安全生产实际需要，可适当提高安全费用提取标准。

本办法公布前，各省级政府已制定下发企业安全费用提取使用办法的，其提取标准如果低于本办法规定的标准，应当按照本办法进行调整；如果高于本办法规定的标准，按照原标准执行。"

第十六条中规定:“混业经营企业,如能按业务类别分别核算的,则以各业务营业收入为计提依据,按上述标准分别提取安全费用;如不能分别核算的,则以全部业务收入为计提依据,按主营业务计提标准提取安全费用。”

【要点】

查阅企业的相关文件、财务凭证及活动记录,是否按规定足额提取安全生产资金。

二、安全生产经费专款专用,保证安全生产投入的有效实施。(★★)

【释义】

企业应制定安全生产投入的管理制度,明确安全生产费用专款专用,包括使用范围、监管程序等,以保证安全生产投入的有效实施。

《公路水运工程安全生产监督管理办法》(交通部令 2007 年第 1 号)中规定:“安全生产费用,应当用于施工安全防护用具及设施的采购和更新、安全施工措施的落实、安全生产条件的改善,不得挪作他用。”

《企业安全生产费用提取和使用管理办法》(财企〔2012〕16 号)第二十七条中规定:“企业提取的安全费用应当专户核算,按规定范围安排使用,不得挤占、挪用。年度结余资金结转下年度使用,当年计提安全费用不足的,超出部分按正常成本费用渠道列支。

主要承担安全管理责任的集团公司经过履行内部决策程序,可以对所属企业提取的安全费用按照一定比例集中管理,统筹使用。”

第十九条中规定:“建设工程施工企业安全费用应当按照以下范围使用:

(一)完善、改造和维护安全防护设施设备支出(不含“三同时”要求初期投入的安全设施),包括施工现场临时用电系统、洞口、机械设备、高处作业防护、交叉作业防护、防火、防爆、防尘、防毒、防雷、防台风、防地质灾害、地下工程有害气体监测、通风、临时安全防护等设施设备支出;

(二)配备、维护、保养应急救援器材、设备支出和应急演练支出;

(三)开展重大危险源和事故隐患评估、监控和整改支出;

(四)安全生产检查、评价(不包括新建、改建、扩建项目安全评价)、咨询和标准化建设支出;

(五)配备和更新现场作业人员安全防护用品支出;

(六)安全生产宣传、教育、培训支出;

(七)安全生产适用的新技术、新标准、新工艺、新装备的推广应用支出;

(八)安全设施及特种设备检测检验支出;

(九)其他与安全生产直接相关的支出。”

【要点】

查阅企业的相关文件、财务票据和凭证,检查安全生产专项资金是否专款专用。

三、及时投入满足安全生产条件的所需资金。

【释义】

《中华人民共和国安全生产法》第十七条中规定:“生产经营单位的主要负责人应负保

证本单位安全生产投入的有效实施的职责。”第十八条规定：“生产经营单位应当具备的安全生产条件所必需的资金投入，由生产经营单位的决策机构、主要负责人或者个人经营的投资人予以保证，并对由于安全生产所必需的资金投入不足导致的后果承担责任。”

《企业安全生产费用提取和使用管理办法》（财企〔2012〕16 号）第三十三条中规定：“企业安全费用的会计处理，应当符合国家统一的会计制度的规定。”

【要点】

查看企业是否及时投入满足安全生产条件所需的专项资金。

查阅企业的相关文件、财务凭证及活动记录。

第二节　费用管理

【依据】

《企业安全生产费用提取和使用管理办法》（财企〔2012〕16 号）。

一、跟踪、监督安全生产专项经费使用情况。

【释义】

《企业安全生产费用提取和使用管理办法》（财企〔2012〕16 号）第三十一条中规定：“企业应当建立健全内部安全费用管理制度，明确安全费用提取和使用的程序、职责及权限，按规定提取和使用安全费用。”

第三十二条中规定：“企业应当加强安全费用管理，编制年度安全费用提取和使用计划，纳入企业财务预算。企业年度安全费用使用计划和上一年安全费用的提取、使用情况，按照管理权限报同级财政部门、安全生产监督管理部门、煤矿安全监察机构和行业主管部门备案。”

企业财务部门应及时对安全生产资金的使用进行统计汇总，并核定、跟踪、监督是否足额提取和使用。

【要点】

查阅企业开展安全生产专项经费使用情况监督检查的活动记录。

查阅企业的相关制度、文件资料、财务和票据凭证等。

二、建立安全生产费用使用台账。

【释义】

企业应建立安全生产费用使用台账，并明确项目责任人、项目名称、投入金额等。目的是为了建立企业安全生产投入的长效机制，加强安全生产费用管理，保障企业安全生产资金投入，维护企业、职工以及社会公共利益。

【要点】

查阅企业财务部门设立专门的安全生产投入、使用台账。

查阅企业的安全生产费用台账和使用记录等。

第六章　装备设施

本章对建筑施工中使用的设施设备、电气安全管理作出了考评规定。设施设备、电气设施是生产经营中必不可少的,保证设施设备、电气设施运行有效是安全生产管理的关键。

本章包含3项内容,涉及10个考评要点,考评满分为100分。

第一节　设施设备

【依据】

《中华人民共和国安全生产法》;

《建设工程安全生产管理条例》(国务院令第393号)。

一、具备满足安全生产需要的设施设备,并符合相关安全规范和技术要求。

【释义】

安全防护设施是保证施工安全的重要措施和手段。企业应配备满足安全生产需要的设施设备,并符合相关安全规范和技术要求。目的是为保障生产安全,实现生产目标,保证产品质量,降低劳动强度和提高生产效率。安全防护设施包括预防事故(如检测、报警、安全防护、防暴、防尘、防噪声、通风、安全警示标志等)、控制事故(如应急切断、连锁装置等)、减少与消除事故影响(如消防、紧急逃生、应急照明、劳保用品等)等设施设备。

【要点】

现场查看企业生产及工作环境,是否配备了满足安全生产需要的设施设备,设施设备是否都符合相关安全规范和技术要求。

查看设施设备的制造许可证、产品合格证、制造监督检验证明或者安全认可证件,技术资料是否齐全。

二、按有关规定配足有效的安全防护、环境保护、消防、救生设备及器材。(★★★)

【释义】

企业应当按有关规定配足合格有效的安全生产防护、环境保护、消防、救生应急设备及器材。不得采购无生产许可证、产品合格证和安全鉴定的产品。

【要点】

现场查看安全防护、环境保护、消防、救生设备及器材,数量是否符合要求;核验产品合格证,是否安全有效。

三、按规定对设施设备进行定期检验,检验证书合法有效。

【释义】

企业应在设施设备标定的检验周期内进行检验,检验证书合法有效,确保运行安全可靠。

【要点】

现场查看设施设备的检验合格证书和检验记录。

四、按规定设置设施设备安全警告标志、指示牌。

【释义】

按规定设置设施设备安全警告标志、指示牌，是施工现场安全管理的重要内容之一。

《中华人民共和国安全生产法》第二十八条中规定："生产经营单位应当在有较大危险因素的生产经营场所和有关设施、设备上，设置明显的安全警示标志。"

《建设工程安全生产管理条例》（国务院令第393号）第二十八条中规定："施工单位应当在施工现场入口处、施工起重机械、临时用电设施、脚手架、出入通道口、楼梯口、电梯井口、孔洞口、桥梁口、隧道口、基坑沿边、爆破物及有害危险气体和液体存放处等危险部位，设置明显的安全警示标志。"

安全警示标志包括安全色和安全标志，安全警示标志及其使用和设置必须符合《安全标志及使用导则》（GB 2894—2008）的要求。设置安全警告标志、指示牌（包括夜光、反光式的），既是对相关人员知情权的保障，也有利于提高从业人员的安全生产意识，防止和减少生产安全事故的发生。

【要点】

现场查看设施设备安全警告标志、指示牌的布设。

第二节　设施安全管理

【依据】

《特种设备作业人员监督管理办法》（国家质量监督检验检疫总局令第140号）。

一、规范施工现场临时设施（包括临建、构筑物、活动板房）**的采购、租赁、搭设与拆除、验收、检查、使用的相关管理，有明确的安全制度，并严格落实。**

【释义】

企业应规范临时设施的采购、租赁、搭设与拆除、验收、检查、使用的相关管理，有明确的安全制度，确保临时设施符合安全使用条件。

临时设施是指施工现场生产、生活用的各类办公、宿舍、食堂、厕所、盥洗间、淋浴间、开水房、活动室、工具棚、料库及其他临时性建筑，装配式活动房屋应当具有生产（制造）许可证、产品合格证。

【要点】

现场实物查看及查阅有关文件资料、产品合格证及活动记录。

二、设施设备（包括作业船舶、车辆、特种设备等）**符合相关安全规范和技术要求，设施设备及操作人员证书齐全有效。**

【释义】

作业现场的设施设备（包括作业船舶、车辆、特种设备等）应符合相关安全规范和技术要求，设施设备及操作人员证书齐全有效。

【要点】

查看现场实物,查阅有关文件资料、台账。

对照设施设备及操作人员名册(或台账),检查所持的证书。

三、按规定定期对设备设施、电气线路、消防设施进行维护保养,特种设备定期进行检测检验,设备状态良好。(★★★)

【释义】

企业应按有关规定,由专人负责定期对设备设施、电气线路、消防设施进行维护保养,对特种设备定期进行检测检验,做好日常维护和保养,确保设备始终处于良好状态。

【要点】

查看现场实物、查阅有关文件资料及活动记录。

四、指定专人对特种设备进行管理。

【释义】

按照《特种设备作业人员监督管理办法》(国家质量监督检验检疫总局令第140号)第五条中的规定:

"特种设备生产、使用单位应当聘(雇)用取得《特种设备作业人员证》的人员从事相关管理和作业工作,并对作业人员进行严格管理。

特种设备作业人员应当持证上岗,按章操作,发现隐患及时处置或者报告。"

第二十二条中规定:"《特种设备作业人员证》每4年复审一次。"

因此,施工现场的特种设备、安全防护用具、机械设备、施工机具及配件必须由专人管理,应当建立特种设备安全技术档案,定期进行检查、维修和保养。特种设备的安全技术档案应当包括以下内容:

(一)特种设备的设计文件、制造单位、产品质量合格证明、使用维护说明等文件以及安装技术文件和资料;

(二)特种设备的定期检验和定期自行检查的记录;

(三)特种设备的日常使用状况记录;

(四)特种设备及其安全附件、安全保护装置、测量调控装置及有关附属仪器仪表的日常维护保养记录;

(五)特种设备运行故障和事故记录;

(六)高耗能特种设备的能效测试报告、能耗状况记录以及节能改造技术资料。

【要点】

查阅现场所有特种设备是否都明确了责任人负责维护保养,有保养计划、保养记录。

查阅现场实物及查阅有关文件资料及活动记录。

五、建立并规范设备管理台账。

【释义】

施工现场应建立安全防护用具、机械设备、施工机具及配件等管理台账,定人定期进行检查、维修和保养,并按照国家有关规定及时报废。

【要点】

现场查阅安全防护用具、机械设备、施工机具及配件等管理台账、产品合格证书、定期检验证书、责任人的有关文件资料。

第三节　电气安全管理

【依据】

《施工现场临时用电安全技术规范》(JGJ 46—2005)。

一、按照国家相关法律法规规范电气安全管理。

【释义】

企业应按国家有关规定和《施工现场临时用电安全技术规范》(JGJ 46—2005),加强施工现场临时用电管理(包括:临时用电组织设计、电工及用电人员、安全技术档案),外电线路及电气设备防护、接地与防雷、配电室及自备电源、配电线路、配电箱及开关箱、电动建筑机械和手持式电动工具、照明供电与照明装置等项工作,防止发生触电和电气火灾事故。

【要点】

现场实体查看电气设备设施。

查阅施工现场临时用电必须建立安全技术档案,是否包括以下内容:

(一)用电组织设计的全部资料;

(二)修改用电组织设计的资料;

(三)用电技术交底资料;

(四)用电工程检查验收表;

(五)电气设备的试、检验凭单和调试记录;

(六)接地电阻、绝缘电阻和漏电保护器漏电动作参数测定记录表;

(七)定期检(复)查表;

(八)电工安装、巡检、维修、拆除工作记录。

当施工现场临时用电设备在5台及以上或设备总容量在50kW及以上者,查阅施工现场临时用电组织设计文件,是否包括以下内容:

(一)现场勘测;

(二)确定电源进线、变电所或配电室、配电装置、用电设备位置及线路走向;

(三)进行负荷计算;

(四)选择变压器;

(五)设计配电系统(包括:用电工程总平面图、配电装置布置图、配电系统接线图、接地装置设计图等);

(六)设计防雷装置;

(七)确定防护措施;

(八)制定安全用电措施和电气防火措施。

查看电工证书及其他用电人员是否通过相关安全教育培训和技术交底、考核合格证。

第七章　安全技术管理

本章对施工组织设计、专项施工方案、安全技术交底、科技应用及创新作出了考评规定。企业进行科技创新，加强科技应用，对于提升安全管理能力、促进安全发展具有十分重要的意义，是企业科学发展的重要举措。

本章包含4项内容，涉及15个考评要点，考评满分为110分。

第一节　施工组织设计

【依据】

《建设工程安全生产管理条例》（国务院令第393号）；

《建筑施工组织设计规范》（GB/T 50502—2009）。

一、制定施工组织设计编制、审核、批准制度。

【释义】

开工前要进行施工组织设计。施工组织设计是对施工活动实行科学管理的重要手段，具有战略部署和战术安排的双重作用，体现基本建设计划和设计的具体要求，提供各阶段的施工准备工作内容，协调施工过程中各施工单位、各施工工种、各项资源之间的相互关系。

施工组织设计一般包括四项基本内容：

（一）施工方法与相应的技术组织措施，即施工方案；

（二）施工进度计划；

（三）施工现场平面布置；

（四）有关劳力，施工机具，建筑安装材料，施工用水、电、动力及运输、仓储设施等暂设工程的需要量及其供应与解决办法。

施工组织设计的内容要结合工程对象的实际特点、施工条件和技术水平进行综合考虑，一般包括：基本内容、编制说明、工程概况及特点、施工部署和准备工作、施工现场平面布置、施工总进度计划、主要施工方法、拟投入的主要物资计划、劳动力安排计划、技术组织措施、安全生产的技术措施、文明施工的技术措施、工期的技术组织措施、质量通病的防治措施、季节性施工措施、成品保护措施、创优综合措施、项目成本控制、回访保修服务措施、施工平面总图总进度图、拟分包项目及人员情况等。

企业应按照《建筑施工组织设计规范》（GB/T 50502—2009）的有关要求编制施工组织设计（方案），一般包括以下要求：

（一）由项目技术负责人编制；

（二）应根据现行规范标准，工程项目特点编制有针对性、有指导性、有可操作性的施工组织设计；

（三）应在工程项目开工前，完成编制、审批手续；

（四）应根据工程项目的施工危险源、施工工艺、作业条件、施工人员的素质等情况，制定相应的安全技术措施；

（五）安全技术措施中应明确规定针对危险源的具体防护措施和施工作业安全注意事项。

施工组织设计（方案）审批程序：由项目技术负责人进行审核，然后由施工单位总技术负责人进行审批。

【要点】

现场查阅施工组织设计编制、审核、批准制度等有关制度及规定。

二、施工组织设计中有明确的安全技术措施。

【释义】

安全技术措施是指运用工程技术手段消除物的不安全因素，实现生产工艺和机械设备等生产条件本质安全的措施。

《建设工程安全生产管理条例》（国务院令第 393 号）第二十六条中规定："施工单位应当在施工组织设计中编制安全技术措施和施工现场临时用电方案。"

【要点】

现场查阅施工组织设计中是否明确了安全技术措施。

三、按程序进行审核、批准。

【释义】

《建筑施工组织设计规范》（GB/T 50502—2009）第 3.0.5 条规定：

"施工组织设计的编制和审批应符合下列规定：

（一）施工组织设计应由项目负责人主持编制，可根据需要分阶段编制和审批。

（二）施工组织总设计应由总承包单位技术负责人审批；单位工程施工组织设计应由施工单位技术负责人或技术负责人授权的技术人员审批，施工方案应由项目技术负责人审批；重点、难点分部（分项）工程和专项工程施工方案应由施工单位技术部门组织相关专家评审，施工单位技术负责人批准。

（三）由专业承包单位施工的分部（分项）工程或专项工程的施工方案，应由专业承包单位技术负责人或技术负责人授权的技术人员审批；有总承包单位时，应由总承包单位项目技术负责人核准备案。

（四）规模较大的分部（分项）工程和专项工程的施工方案应按单位工程施工组织设计进行编制和审批。

【要点】

现场查阅审核、批准等有关文件资料及活动记录。

四、严格按照施工组织设计执行。

【释义】

施工单位应严格按照审批的施工组织设计进行施工作业。

【要点】

现场查阅有关文件资料及活动记录是否符合审批的施工组织设计。

第二节　专项施工方案

【依据】

《公路水运工程安全生产监督管理办法》(交通部令2007年第1号);

《危险性较大的分部分项工程安全管理办法》(建质〔2009〕87号)。

一、制定危险性较大的分部、分项工程编写、审核、批准专项施工方案制度。(★★)

【释义】

《公路水运工程安全生产监督管理办法》(交通部令2007年第1号)第二十三条中规定:"施工单位应当对下列危险性较大的工程应当编制专项施工方案,并附安全验算结果,经施工单位技术负责人、监理工程师审查同意签字后实施,由专职安全生产管理人员进行现场监督:

(一)不良地质条件下有潜在危险性的土方、石方开挖;

(二)滑坡和高边坡处理;

(三)桩基础、挡墙基础、深水基础及围堰工程;

(四)桥梁工程中的梁、拱、柱等构件施工等;

(五)隧道工程中的不良地质隧道、高瓦斯隧道、水底海底隧道等;

(六)水上工程中的打桩船作业、施工船作业、外海孤岛作业、边通航边施工作业等;

(七)水下工程中的水下焊接、混凝土浇注、爆破工程等;

(八)爆破工程;

(九)大型临时工程中的大型支架、模板、便桥的架设与拆除,桥梁、码头的加固与拆除;

(十)其他危险性较大的工程。

必要时,施工单位对前款所列工程的专项施工方案,还应当组织专家进行论证、审查。"

《危险性较大的分部分项工程安全管理办法》(建质〔2009〕87号)规定:

"施工单位、监理单位应当建立危险性较大的分部分项工程安全管理制度。"

危险性较大的分部分项工程是指建筑工程在施工过程中存在的、可能导致作业人员群死群伤或造成重大不良社会影响的分部分项工程。

危险性较大的分部分项工程安全专项施工方案是指施工单位在编制施工组织(总)设计的基础上,针对危险性较大的分部分项工程单独编制的安全技术措施文件。

危险性较大的分部分项工程专项方案的编制应当包括以下内容:

(一)工程概况:危险性较大的分部分项工程概况、施工平面布置、施工要求和技术保证条件。

(二)编制依据:相关法律、法规、规范性文件、标准、规范及图纸(国标图集)、施工组织设计等。

（三）施工计划：包括施工进度计划、材料与设备计划。

（四）施工工艺技术：技术参数、工艺流程、施工方法、检查验收等。

（五）施工安全保证措施：组织保障、技术措施、应急预案、监测监控等。

（六）劳动力计划：专职安全生产管理人员、特种作业人员等。

（七）计算书及相关图纸。

超过一定规模的危险性较大的分部分项工程专项方案应当由施工单位组织召开专家论证会。实行施工总承包的，由施工总承包单位组织召开专家论证会。专家组成员应当由5名及以上符合相关专业要求的专家组成（本项目参建各方的人员不得以专家身份参加）。专家论证的主要内容：

（一）专项方案内容是否完整、可行。

（二）专项方案计算书和验算依据是否符合有关标准规范。

（三）安全施工的基本条件是否满足现场实际情况。

专项方案经论证后，专家组应当提交论证报告，对论证的内容提出明确的意见，并在论证报告上签字。该报告作为专项方案修改完善的指导意见。

【要点】

查阅施工单位是否制定了危险性较大的分部、分项工程编写、审核、批准专项施工方案制度。

现场查阅有关文件资料及活动记录。

二、按程序进行审核、批准。

【释义】

专项施工方案的审核应当由施工单位技术部门负责组织，并由本单位施工技术、安全、质量等部门的专业技术人员参加。经审核合格的，由施工单位技术负责人签字。实行施工总承包的，应当由总承包单位技术负责人及相关专业承包单位技术负责人签字，经施工单位审核合格后报监理单位，由项目总监理工程师审核签字。

【要点】

现场查阅有关文件资料及活动记录。

三、严格按照专项施工方案执行。

【释义】

施工单位应当严格按照专项方案组织施工，不得擅自修改、调整专项方案。如因设计、结构、外部环境等因素发生变化确需修改的，修改后的专项方案应当重新审核。

施工单位技术负责人应当定期巡查专项方案实施情况，并指定专人对专项方案实施情况进行现场监督和按规定进行监测。发现不按照专项方案施工的，应当要求其立即整改；发现有危及人身安全紧急情况的，应当立即组织作业人员撤离危险区域。

【要点】

现场查阅有关文件资料及活动记录。

第三节　安全技术交底

【依据】

《建设工程安全生产管理条例》(国务院令第393号)。

一、制定安全技术交底规定。

【释义】

《建设工程安全生产管理条例》(国务院令第393号)第二十七条中规定:"建设工程施工前,施工单位负责项目管理的技术人员应当对有关安全施工的技术要求向施工作业班组、作业人员作出详细说明,并由双方签字确认。"

【要点】

现场查阅企业制定的安全技术交底规定。

二、落实各级安全技术交底。

【释义】

施工前,项目部应按批准的施工组织设计或专项安全技术措施方案,逐级向有关人员进行安全技术交底。主要包括以下两个方面:

(一)在施工方案的基础上按照施工的要求,对施工方案进行细化和补充;

(二)要将操作者的安全注意事项讲清楚,保证作业人员的人身安全。

【要点】

现场查阅有关交底的文件资料及活动记录。

三、交底有书面记录,履行签字手续。

【释义】

安全技术交底工作完毕后,所有参加交底的人员必须履行签字手续,班组、交底人、资料保管员三方各留执一份,并记录存档。

【要点】

现场查阅有关文件资料及活动记录、签字等。

第四节　科技应用及创新

【依据】

《国务院关于进一步加强企业安全生产工作的通知》(国发〔2010〕23号);

《国务院关于坚持科学发展安全发展促进安全生产形势持续稳定好转的意见》(国发〔2011〕40号);

《交通行业中央企业安全工作考核管理办法》(交海发〔2006〕82号)。

一、使用先进的、安全性能可靠的新技术、新工艺、新设备和新材料，优先选购安全、高效、节能的先进设备。

【释义】

《国务院关于进一步加强企业安全生产工作的通知》（国发〔2010〕23 号）中明确要求：强制淘汰落后技术产品。不符合有关安全标准、安全性能低下、职业危害严重、危及安全生产的落后技术、工艺和装备要列入国家产业结构调整指导目录，予以强制性淘汰。

企业应不断淘汰技术落后的生产设施设备，优先使用先进的、安全性能可靠的新技术、新工艺、新设备和新材料，优先选购安全、高效、节能的先进设备。

【要点】

查阅企业的有关文件资料及活动记录。

二、设有安全生产管理系统或平台。

【释义】

《国务院关于坚持科学发展安全发展促进安全生产形势持续稳定好转的意见》（国发〔2011〕40 号）中明确要求，充分运用科技和信息手段，建立健全安全生产隐患排查治理体系，强化监测监控、预报预警，及时发现和消除安全隐患。

企业应加强安全生产信息化建设，建立健全信息科技支撑服务体系。安全生产管理系统或平台是企业信息化建设的主要内容之一，可以进一步加强企业安全生产监督管理，及时宣传贯彻国家有关安全生产方针政策和法律法规，实现对重点工程项目、设备、作业人员的动态监测监控、预报预警，及时发现和消除安全隐患。

【要点】

查看企业安全生产管理信息网络平台。

三、取得 ISO 9001、ISO 14001 和 OHSAS18000 认证。

【释义】

《交通行业中央企业安全工作考核管理办法》（交海发〔2006〕82 号）第五条中规定："根据有关要求，建立并保持相关的安全生产管理体系。在条件具备的情况下，积极建立职业安全健康、环保等体系，或在安全工作中借鉴、应用其管理思想。"

ISO9001 为质量管理体系，ISO14001 为环境管理体系，OHSAS18000 为职业健康安全管理体系。

【要点】

查阅企业的 ISO9001、ISO14001 和 OHSAS18000 认证证书、年审报告。

四、组织开展安全生产科技攻关或课题研究。

【释义】

《国务院关于进一步加强企业安全生产工作的通知》（国发〔2010〕23 号）中明确要求：加快安全生产技术研发。企业在年度财务预算中必须确定必要的安全投入。国家鼓励企业开展安全科技研发，加快安全生产关键技术装备的换代升级。进一步落实《国家中长期科学和技术发展规划纲要（2006—2020 年）》等，加大对高危行业安全技术、装备、工艺和产品研发的支持力度，引导高危行业提高机械化、自动化生产水平，合理确定生产一线用工。

因此，企业应积极组织开展安全生产科技攻关或课题研究活动，以便提高企业安全技术标准和管理水平，增强企业竞争力。

【要点】

查阅企业的有关文件资料及活动记录。

五、设有其他安全监管信息系统。

【释义】

企业应设有与自身生产相适应的安全监管信息系统，如重点作业现场、施工机械的视频监控、船舶动态监控系统等，提高安全生产管理的及时性和准确性。

【要点】

查看安全生产管理信息系统的建立情况及信息化网络平台的使用情况。

第八章 队 伍 建 设

本章是关于企业队伍建设的规定，主要包括培训计划、宣传教育、对管理人员和从业人员培训及档案管理的要求。生产安全事故往往直接造成人身伤害，所以人的安全意识、安全知识、操作技能是安全生产管理的重中之重。

本章包含5项内容，涉及7个考评要点，考评满分为90分。

第一节 培 训 计 划

【依据】

《国务院关于进一步加强企业安全生产工作的通知》（国发〔2010〕23号）；

《国务院关于坚持科学发展安全发展促进安全生产形势持续稳定好转的意见》（国发〔2011〕40号）；

《安全生产培训管理办法》（国家安全生产监督管理总局令第44号）。

一、制定并实施年度及长期的继续教育培训计划，明确培训内容和年度培训时间。

【释义】

《国务院关于坚持科学发展安全发展促进安全生产形势持续稳定好转的意见》（国发〔2011〕40号）中明确要求，企业主要负责人、安全管理人员、特种作业人员一律经严格考核、持证上岗。企业用工要严格依照劳动合同法与职工签订劳动合同，职工必须全部经培训合格后上岗。

《国务院关于进一步加强企业安全生产工作的通知》（国发〔2010〕23号）中明确要求：企业主要负责人和安全生产管理人员、特殊工种人员一律严格考核，按国家有关规定持职业资格证书上岗；职工必须全部经过培训合格后上岗。企业用工要严格依照劳动合同法与职工签订劳动合同。凡存在不经培训上岗、无证上岗的企业，依法停产整顿。没有对井下作业人员进行安全培训教育，或存在特种作业人员无证上岗的企业，情节严重的要依法予以关闭。

《安全生产培训管理办法》（国家安全生产监督管理总局令第44号）第四条中规定，生产经营单位应当进行安全培训的从业人员包括主要负责人、安全生产管理人员、特种作业人员和其他从业人员。

生产经营单位从业人员应当接受安全培训，熟悉有关安全生产规章制度和安全操作规程，具备必要的安全生产知识，掌握本岗位的安全操作技能，增强预防事故、控制职业危害和应急处理的能力。

未经安全生产培训合格的从业人员，不得上岗作业。

企业应当建立健全安全教育培训管理制度，明确安全教育培训的主管部门，将安全培训工作纳入本单位年度工作计划。按照有关安全教育培训的规定，确立全员培训的目标和培训内容，对从业人员进行经常性的安全教育培训，并保证必要的教育与培训设备设施和经费。

【要点】

查阅企业制定并实施继续教育培训计划等的有关文件资料及活动记录。

第二节　宣 传 教 育

【依据】

《生产经营单位安全培训规定》（国家安全生产监督管理总局令第3号）。

一、组织开展安全生产的法律、法规和安全生产知识的宣传、教育。

【释义】

企业应按照教育培训计划组织开展安全生产的法律、法规和安全生产知识的宣传、教育，使所有人员提高安全生产意识，自觉遵守各项安全生产规章制度。

【要点】

查阅企业开展安全生产法律、法规和安全生产知识宣传、教育的有关文件资料、签字等记录。

第三节　管 理 人 员

【依据】

《中华人民共和国安全生产法》；

《建设工程安全生产管理条例》（国务院令第393号）；

《安全生产培训管理办法》（国家安全生产监督管理总局令第44号）；

《公路水运工程施工企业安全生产管理人员考核管理办法》（交质监发〔2009〕757号）。

一、企业主要负责人和管理人员具备相应安全知识和管理能力，并取得行业主管部门培训合格证。（★★★）

【释义】

《中华人民共和国安全生产法》第二十条中规定："企业主要负责人和安全生产管理人员必须具备与本单位所从事的生产经营活动相应安全生产知识和管理能力，应当由主管部门对其安全生产知识和管理能力考核合格后方可任职。"

《建设工程安全生产管理条例》（国务院令第393号）第三十六条中规定："施工单位的主要负责人、项目负责人、专职安全生产管理人员应当经建设行政主管部门或者其他有关部门考核合格后方可任职。"

企业主要负责人和管理人员包括：有生产经营决策权的人员、企业生产经营工作的负责人、企业安全生产工作的负责人以及项目负责人(包括企业法定代表人授权的项目经理、项目副经理和项目总工等)。

按照《安全生产培训管理办法》(国家安全生产监督管理总局令第44号)中的有关规定,安全培训必须依照安全生产监管监察部门制定的安全培训大纲实施,且生产经营单位主要负责人安全培训应当包括下列内容:

(一)国家安全生产方针、政策和有关安全生产的法律、法规、规章及标准;

(二)安全生产管理基本知识、安全生产技术、安全生产专业知识;

(三)重大危险源管理、重大事故防范、应急管理和救援组织以及事故调查处理的有关规定;

(四)职业危害及其预防措施;

(五)国内外先进的安全生产管理经验;

(六)典型事故和应急救援案例分析;

(七)其他需要培训的内容。

生产经营单位安全生产管理人员安全培训应当包括下列内容:

(一)国家安全生产方针、政策和有关安全生产的法律、法规、规章及标准;

(二)安全生产管理、安全生产技术、职业卫生等知识;

(三)伤亡事故统计、报告及职业危害的调查处理方法;

(四)应急管理、应急预案编制以及应急处置的内容和要求;

(五)国内外先进的安全生产管理经验;

(六)典型事故和应急救援案例分析;

(七)其他需要培训的内容。

生产经营单位主要负责人和安全生产管理人员初次培训不少于32学时,每年接受再培训的时间不少于12学时。

【要点】

核对企业企业主要负责人的安全生产考核合格证书(A类证书)、项目负责人的安全生产考核合格证书(B类证书)、专职安全生产管理人员的安全生产考核合格证书(C类证书,交通运输部的"C类证书"分为:C1-企业专职安全员、C2-施工现场专职安全员两种)是否有效(证书有效期均为3年)。

二、专(兼)职安全管理人员具备专业安全生产管理知识和经验,熟悉各岗位的安全生产业务操作规程,运用专业知识和规章制度开展安全生产管理工作,并保持安全生产管理人员的相对稳定。

【释义】

企业的专(兼)职安全生产管理人员应取得行业主管部门颁发的安全生产考核合格证书,企业主要负责人、项目负责人不得兼任专职安全生产管理人员。专(兼)职安全生产管理人员在岗年限不宜少于3年。

《公路水运工程施工企业安全生产管理人员考核管理办法》(交质监发〔2009〕757号)

第十条中规定:“申请人应当具备下列条件:

(一)具有完全民事行为能力;

(二)与申报企业有正式劳动关系;

(三)申请项目负责人考核的,年龄不超过65周岁;申请专职安全生产管理人员考核的,年龄不超过60周岁。”

第十一条规定:“一级企业申请人的能力考核应具备下列条件:

(一)具有以下学历、职称和工作经历:

1.企业主要负责人,应具有大专及以上学历或中级及以上技术职称,且具有3年及以上的土木工程建设经历;

2.项目负责人,应具有大专及以上学历或中级及以上技术职称,且具有3年及以上的土木工程建设经历;

3.施工现场专职安全员,应具有中专或同等学力且具有5年及以上的土木工程建设经历,或大专及以上学历且具有1年及以上的土木工程建设经历;

4.企业专职安全员,应具有大专及以上学历或初级及以上技术职称,且具有1年及以上的土木工程建设或安全管理经历。

(二)在申请考核之日前1年内,申请人未有在较大及以上等级安全责任事故中负有责任的情形。

(三)符合有关国家法律法规规定的要求。

二级企业申请人的能力考核条件由省级交通运输主管部门参照制定。”

专(兼)职安全生产管理人员初次培训不少于32学时,每年接受再培训的时间不少于12学时。

【要点】

核对企业所有专(兼)职安全生产管理人员的资质证书(C类证书有效期为3年)及活动记录。

第四节　从业人员培训

【依据】

《中华人民共和国安全生产法》;

《公路水运工程安全生产监督管理办法》(交通部令2007年第1号);

《生产经营单位安全培训规定》(国家安全生产监督管理总局令第3号);

《安全生产培训管理办法》(国家安全生产监督管理总局令第44号)。

一、从业人员每年接受再培训,提高从业人员的素质和能力,再培训时间不得少于有关规定学时。未经安全生产培训合格的从业人员,不得上岗作业。(★★)

【释义】

《中华人民共和国安全生产法》第二十一条中规定,企业应当对从业人员进行安全生产教育和培训。培训内容包括熟悉有关安全生产规章制度和安全操作规程,具备必要的安全生产知识,掌握本岗位的安全操作技能,增强预防事故、控制职业危害和应急处置所需的知识和技能。未经安全生产教育和培训合格的从业人员,不得上岗作业。

按照《生产经营单位安全培训规定》(国家安全生产监督管理总局令第3号)中的有关规定,企业应对新从业人员在上岗前进行三级安全教育培训(厂、车间、班组)。厂(矿)级岗前安全培训内容应当包括:

(一)本单位安全生产情况及安全生产基本知识;

(二)本单位安全生产规章制度和劳动纪律;

(三)从业人员安全生产权利和义务;

(四)有关事故案例等。

车间(工段、区、队)级岗前安全培训内容应当包括:

(一)工作环境及危险因素;

(二)所从事工种可能遭受的职业伤害和伤亡事故;

(三)所从事工种的安全职责、操作技能及强制性标准;

(四)自救互救、急救方法、疏散和现场紧急情况的处理;

(五)预防事故和职业危害的措施及应注意的安全事项;

(六)有关事故案例;

(七)其他需要培训的内容。

班组级岗前安全培训内容应当包括:

(一)岗位安全操作规程;

(二)岗位之间工作衔接配合的安全与职业卫生事项;

(三)有关事故案例;

(四)其他需要培训的内容。

从业人员初次培训时间不少于24学时,农民工初次培训不少于32学时,每年接受再培训的时间不少于20学时。

《公路水运工程安全生产监督管理办法》(交通部令2007年第1号)第三十条中规定:"施工单位应当对管理人员和作业人员进行每年不少于两次的安全生产教育培训,其教育培训情况记入个人工作档案。"

【要点】

抽查企业从业人员的安全生产培训活动的记录等文件资料。

二、转岗人员及时进行岗前培训。

【释义】

按照《安全生产培训管理办法》(国家安全生产监督管理总局令第44号)中的有关规定,从业人员在本单位内调整工作岗位或离岗一年以上重新上岗时,应当重新接受车间(工段、区、队)和班组级的安全培训并经考核合格后方可上岗工作。

【要点】

根据企业提供的所有转岗人员名单，核对安全培训内容是否符合要求，并履行了签字程序。

三、新技术、新设备投入使用前，对管理和操作人员进行专项培训。

【释义】

《中华人民共和国安全生产法》第二十二条中规定："企业采用新工艺、新技术、新设备、新材料或者使用新设备，必须了解、掌握其安全技术特性，采取有效的安全防护措施，并对从业人员进行专门的安全生产教育和培训。"

【要点】

查阅企业在新技术、新设备投入使用前对管理和操作人员专项培训的相关文件资料及活动记录。

第五节　规范档案

【依据】

《建设工程安全生产管理条例》(国务院令第 393 号)。

一、建立健全安全宣传教育培训考核档案，详细、准确记录培训考核情况。

【释义】

《建设工程安全生产管理条例》(国务院令第 393 号)第三十六条中规定："施工单位应当对管理人员和作业人员每年至少进行一次安全生产教育培训，其教育培训情况记入个人工作档案。安全生产教育培训考核不合格的人员，不得上岗。"

企业应当建立健全安全教育培训制度，对所有从业人员的安全宣传教育培训情况进行建档，详细、准确记录培训考核情况，并做好申报、培训、考核、复审的组织工作和日常的检查工作以及档案管理工作。

【要点】

查阅企业的相关文件资料、签字及活动记录。

二、对培训效果进行评审，改进提高培训质量。

【释义】

企业的教育培训主管部门应对每次的安全生产教育培训方式和效果进行评价和总结，不断改进提高培训质量。

【要点】

查阅企业开展培训效果评审的相关文件资料及活动记录。

第九章 作 业 管 理

本章是对企业建筑施工作业现场安全生产的管理进行考评的规定，包括现场作业管理、安全值班、相关方管理、工作环境、警示标志等内容。作业现场是生产安全事故的发源地，是企业安全管理工作的重点区域。

本章包含5项内容，涉及15个考评要点，考评满分为120分。

第一节 现场作业管理

【依据】

《中华人民共和国安全生产法》；

《公路水运工程安全生产监督管理办法》（交通部令2007年第1号）。

一、严格执行操作规程和安全生产作业规定，严禁违章指挥、违章操作、违反劳动纪律。

【释义】

从业人员应该严格执行操作规程和安全生产作业规定，严禁违章指挥、违章操作、违反劳动纪律。

【要点】

查阅作业现场反“三违”行为的相关文件资料及活动记录。

查看做业人员对本岗位安全生产操作规程的执行情况。

二、在下达生产任务的同时，布置安全生产工作要求。

【释义】

技术管理人员在下达生产任务的同时，应布置安全生产工作要求，并履行签字手续。

【要点】

查阅作业现场的相关文件资料、签字等记录。

三、从业人员具有相关资质条件。（★★★）

【释义】

从业人员应具有相关安全生产知识和技能，否则不得上岗作业。

【要点】

查阅作业现场从业人员资质证书及教育培训活动记录等。

四、指定专人对危险作业进行现场管理。

【释义】

《中华人民共和国安全生产法》第三十五条中规定：“生产经营单位进行爆破、吊装等危险作业，应当安排专门人员进行现场安全管理，确保操作规程的遵守和安全措施的落实。”

【要点】

查阅作业现场指定专人对危险作业进行现场管理的相关文件资料及活动记录。

五、建立完善的安全检查制度，严格执行巡回检查制度，严禁无关人员进入作业区域。(★★)

【释义】

《公路水运工程安全生产监督管理办法》(交通部令 2007 年第 1 号)第二十条中规定，施工单位应当“对所承担的公路水运工程进行定期和专项安全检查，并做好安全检查记录”。

企业应建立完善的安全生产检查制度。作业现场应指定专人对危险作业进行监控，严格执行巡回检查制度，严禁无关人员进入作业区域。

【要点】

查看做业现场安全生产检查制度等相关文件资料及监控、检查的活动记录。

六、作业场所及设施设备应采用可靠的防雷、防风、防火和防电等措施。

【释义】

作业场所及作业现场的设施设备应采用可靠的防雷、防风、防火和防电等措施。

【要点】

作业现场实物查看设施设备，是否采用可靠的防雷、防风、防火和防电等措施。

七、生产物资堆放和存储符合相关安全规范和技术要求。

【释义】

生产物资堆放和存储符合相关安全规范和技术要求。

【要点】

作业现场实物查看生产物资堆放和存储，是否符合相关安全规范和技术要求。

第二节　安全值班

【依据】

《公路水运工程安全生产监督管理办法》(交通部令 2007 年第 1 号)；

《建筑施工企业负责人及项目负责人施工现场带班暂行办法》(建质〔2011〕111 号)。

一、制定并落实安全生产值班计划和值班制度，重要时期实行领导到岗带班，有值班记录。

【释义】

企业应制定并落实安全生产值班计划和值班制度，重要时期(如节假日、台风等自然灾害易发期)应实行领导到岗带班，并有值班记录。

按照《建筑施工企业负责人及项目负责人施工现场带班暂行办法》(建质〔2011〕111 号)中的有关规定，企业的法定代表人、总经理、主管质量安全和生产工作的副总经理、总工程师和副总工程师应每月在现场时间不少于 25%；项目经理、项目副经理、项目总工、安全总监,或施工企业的安全与技术部门的负责人在现场时间不少于80%。

【要点】

查阅作业现场安全生产值班计划和值班制度的相关文件资料及领导到岗带班、值班的活动记录。

第三节 相关方管理

【依据】

《中华人民共和国安全生产法》。

一、两个或两个以上单位共用生产作业的现场安全生产管理职责明确,并落实到位。

【释义】

相关方为与企业安全生产相关联的或受其影响的团体或个人。

《中华人民共和国安全生产法》第十四条中规定:"两个以上生产经营单位在同一作业区域内进行生产经营活动,可能危及对方生产安全的,应当签订安全生产管理协议,明确各自的安全生产管理职责和应当采取的安全措施,并指定专职安全生产管理人员进行安全检查与协调。"

【要点】

作业现场查看签订的安全生产管理协议,是否明确了各方的安全生产管理职责。

查阅落实安全生产管理职责的活动记录。

二、制定了协作单位(含供应商)管理制度,严格协作单位安全生产许可证、资质、资格审查,并严格执行开工前准备、过程监督、续用等管理。

【释义】

企业应制定协作单位(含供应商)管理制度,并按照管理制度要求严格协作单位安全生产许可证、资质、资格审查;严格执行开工前准备、过程监督、续用等管理。

【要点】

查阅对相关方评审文件资料和活动记录,包括资质证书(复印件),安全生产许可证(复印件,其有效期为三年),安全管理机构,安全生产规章制度,操作规程,安全业绩,负责人、专职安全生产管理人员和特种作业人员的持证情况(复印件)等。

三、与协作单位签订安全生产协议,明确双方各自的安全责任。

【释义】

在与协作单位签订合同的同时,还应签订安全生产协议,明确双方各自的安全责任、安全管辖范围以及联系人等。

安全生产协议应主要包括本单位生产的特点、作业场所存在的危险因素、防范措施以及事故应急措施,以使各单位对该作业区域安全生产状况有一个整体的把握。同时各单位还应当在安全生产协议中明确各自的安全生产管理职责和应当采取的安全措施,做到职责清楚、分工明确。为了使安全生产协议真正得到贯彻,保证作业区域内的生产安全,各单位还应当指定专职的安全生产管理人员对作业区域内的安全生产状况进行检查，对检查中发现的安全生产问题及时进行协调、解决。

【要点】

查阅与协作单位签订的安全生产协议，是否明确双方各自的安全责任。

四、对短期合同工、临时用工、实习人员、外来参观人员、客户及其车辆等进入作业现场有相应的安全生产管理制度和措施。

【释义】

企业应制定安全生产管理制度和措施，明确告知短期合同工、临时用工、实习人员、外来参观人员、客户及其车辆等进入作业现场时应该注意的安全事项。

【要点】

查阅作业现场的相关文件资料及活动记录。

五、建立合格协作单位名录和安全生产档案。

【释义】

企业应建立合格的协作单位（含供应商）名录和安全生产档案。协作单位是指符合国家规定的专业分包及劳务分包队伍，应持有国家行政主管部门颁发的有效证照，具有独立承担民事责任和履约能力。

【要点】

查阅企业的合格协作单位（含供应商）名录和安全生产档案及评审等活动记录。

第四节　工 作 环 境

【依据】

《公路水运工程安全生产监督管理办法》（交通部令2007年第1号）。

一、工作、生活场所的布置符合安全、消防和职业健康要求，疏散距离合理，消防通道畅通，各种设施布局合理。

【释义】

《公路水运工程安全生产监督管理办法》（交通部令2007年第1号）第二十五条中规定："施工单位应当将施工现场的办公、生活区与作业区分开设置，并保持安全距离；办公、生活区的选址应当符合安全性要求。职工的膳食、饮水、休息场所、医疗救助设施等应当符合卫生标准。"

企业承担工程项目现场的工作、生活场所的布置应符合安全、消防和职业健康要求，疏散距离合理，消防通道畅通，各种设施布局合理。

【要点】

查阅作业现场的相关文件资料及活动记录。

第五节　警示标志

【依据】

《公路水运工程安全生产监督管理办法》(交通部令 2007 年第 1 号);

《安全标志及使用导则》(GB 2894—2008)。

一、在存在危险因素的场所和设备设施,设置明显的安全警示标志,警示、告知危险种类、后果及应急措施。(★★★)

【释义】

《公路水运工程安全生产监督管理办法》(交通部令 2007 年第 1 号)第二十四条中规定:"施工单位应当在施工现场出入口或者沿线各交叉口、施工起重机械、拌和场、临时用电设施、爆破物及有害危险气体和液体存放处以及孔洞口、隧道口、基坑边沿、脚手架、码头边沿、桥梁边沿等危险部位,设置明显的安全警示标志或者必要的安全防护设施。"

企业应按照《安全标志及使用导则》(GB 2894—2008)的规定,在有较大危险因素的生产生活的场所和有关的设施、设备上,设置明显的安全警示标志。其目的是要引起人们对危险因素的注意,预防生产安全事故的发生。

【要点】

作业现场实物查看,作业场所和设备设施中是否存在的危险因素。

经确认存在危险因素的作业场所、设备设施是否设置警戒区域和明显安全警示标志。

第十章　危险源辨识与风险控制

本章对企业危险源辨识与风险识别作出了考评规定。企业对生产经营现场存在的各种危险和有害因素进行全面辨识，提前采取控制措施进行预控，并结合具体生产活动，不断优化和持续改进各项控制措施，将风险降低到可以接受的程度，以实现风险可控的目的，减少或避免各类事故的发生。危险源辨识是前提，风险控制是保障。

本章包含2项内容，涉及5个考评要点，考评满分为45分。

第一节　危险源辨识

【依据】

《中华人民共和国安全生产法》；

《关于开展重大危险源监督管理工作指导意见》(安监管协调字〔2004〕56号)；

《重大危险源辨识》(GB 18218—2000)。

一、开展本单位危险设施或场所危险源的辨识和确定工作。

【释义】

危险源是指可能导致死亡、伤害、职业病、财产损失、工作环境破坏或这些情况组合的根源或状态。

企业应当组织制定危险源辨识与风险控制管理制度，制定重大危险源的监控措施和管理方案，确保重大危险源始终处于受控状态。

【要点】

查阅企业危险源的辨识的相关文件资料及活动记录，包括危险源的辨识范围、确定方法和结果等。

二、辨识重大危险源，采取有效防护措施，按规定报有关部门备案。(★★)

【释义】

《中华人民共和国安全生产法》第九十六条中规定："重大危险源，是指长期地或者临时地生产、搬运、使用或者储存危险物品，且危险物品的数量等于或者超过临界量的单元(包括场所和设施)。"

企业应根据《重大危险源辨识》(GB 18218—2000)和申报登记范围的要求，对本单位作业场所涉及的生产装置、设施或场所进行辨识，采取有效防护措施。属于重大危险源的，填写《重大危险源申报表》，并按规定报报当地安全监管部门备案。

《关于开展重大危险源监督管理工作指导意见》(安监管协调字〔2004〕56号)中规定：

"生产经营单位应当每两年至少对本单位的重大危险源进行一次安全评估，并出具安全评估报告。安全评估工作应由注册安全评价人员或注册安全工程师主持进行，或者委托具备安全评价资格的评价机构进行。安全评估报告应包括重大危险源的基本情况，危险、有害因素辨识与分析，可能发生的事故类型、严重程度，重大危险源等级，安全对策措施，应急救援措施和评估结论等。安全评估报告应报当地安全监管部门备案。"

重大危险源的生产过程以及材料、工艺、设备、防护措施和环境等因素发生重大变化，或者国家有关法规、标准发生变化时，生产经营单位应当对重大危险源重新进行安全评估，并将有关情况报当地安全监管部门。

【要点】

查阅企业辨识重大危险源的相关文件资料及活动记录，包括重大危险源的辨识方法、对重大危险源采取的有效防护措施。

是否将重大危险源向当地安全监管部门备案。

第二节　风 险 控 制

【依据】

《中华人民共和国安全生产法》；

《关于开展重大危险源监督管理工作指导意见》(安监管协调字〔2004〕56 号)。

一、及时对作业活动和设备设施进行危险、有害因素识别。

【释义】

企业应对生产经营环节中的作业活动、设施设备、工艺过程、作业场所等方面进行危险、有害因素识别，展开风险评价工作，根据风险评价结果及生产经营运行情况等，确定不可接受的风险，制定并落实控制措施，将风险尤其是重大风险控制在可以接受的程度。

企业在选择风险控制措施时应考虑可行性、安全性、可靠性。风险控制措施应包括：工程技术措施、管理措施、培训教育措施、个体防护措施。

【要点】

查阅企业开展危险、有害因素识别工作的相关文件资料及活动记录。

二、向从业人员如实告知作业场所和工作岗位存在的危险因素、防范措施以及事故应急措施。

【释义】

《中华人民共和国安全生产法》第三十六条中规定："生产经营单位应当教育和督促从业人员严格执行本单位的安全生产规章制度和安全操作规程；并向从业人员如实告知作业场所和工作岗位存在的危险因素、防范措施以及事故应急措施。"

【要点】

查看作业现场和工作岗位存在的危险因素、防范措施以及事故应急措施向从业人员告知的相关文件资料及活动记录。

询问从业人员对相关内容是否真正理解和清楚。

三、对危险源进行建档,重大危险源单独建档管理。

【释义】

企业应当建立危险源档案。

《关于开展重大危险源监督管理工作指导意见》(安监管协调字〔2004〕56 号)中要求:“生产经营单位应当按照《安全生产法》、《重大危险源辨识》(GB 18218—2000)和申报登记范围的要求对本单位的重大危险源进行登记建档。”

【要点】

查阅企业建立危险源档案等相关文件资料、台账及活动记录。

第十一章　隐患排查与治理

本章对企业隐患排查与治理作出了考核规定。企业是事故隐患排查、治理和防控的责任主体。通过隐患排查与治理，可促进企业进一步落实安全生产主体责任，排查治理事故隐患和薄弱环节，切实解决存在的突出问题，建立安全生产事故隐患排查治理长效机制，有效防范和遏制重特大事故的发生，促进行业安全生产状况进一步稳定好转。

本章包含2项内容，涉及8个考评要点，考评满分为70分。

第一节　隐 患 排 查

【依据】

《国务院关于进一步加强企业安全生产工作的通知》（国发〔2010〕23号）；

《安全生产事故隐患排查治理暂行规定》（国家安全生产监督管理总局令第16号）。

一、制定隐患排查工作方案，明确排查的目的、范围，选择合适的排查方法。

【释义】

《国务院关于进一步加强企业安全生产工作的通知》（国发〔2010〕23号）中明确要求，企业要经常性开展安全隐患排查，并切实做到整改措施、责任、资金、时限和预案"五到位"。建立以安全生产专业人员为主导的隐患整改效果评价制度，确保整改到位。

按照《安全生产事故隐患排查治理暂行规定》（国家安全生产监督管理总局令第16号）中的有关规定，企业应当建立健全生产安全事故隐患排查和治理工作制度，规范各级生产安全事故隐患排查的频次、控制管理原则、分级管理模式、分级管理内容等。对排查出的隐患要落实专项治理经费和专职负责人，按时完成整改。

事故隐患是指生产经营单位违反安全生产法律、法规、规章、标准、规程和安全生产管理制度的规定，或者因其他因素在生产经营活动中存在可能导致事故发生的物的危险状态、人的不安全行为和管理上的缺陷。

事故隐患分为一般事故隐患和重大事故隐患。一般事故隐患，是指危害和整改难度较小，发现后能够立即整改排除的隐患。重大事故隐患，是指危害和整改难度较大，应当全部或者局部停产停业，并经过一定时间整改治理方能排除的隐患，或者因外部因素影响致使生产经营单位自身难以排除的隐患。

隐患排查工作可以及时发现企业生产过程中的危险有害因素，以便有计划地制定整改措施，保证生产安全。对重大隐患要进行挂牌督办。

隐患排查的组织方式主要由综合检查、专业（专项）检查、季节性检查、节假日检查、日常检查等。

【要点】

查阅企业安全隐患排查工作方案，是否包括目的、依据、范围、方法等基本内容。

二、每月至少开展一次安全自查自纠工作，及时发现安全管理缺陷和漏洞，消除安全隐患。检查及处理情况应当记录在案。（★★★）

【释义】

作业现场每月至少应开展一次安全自查自纠工作，目的是全面排查治理事故隐患和薄弱环节，及时发现安全管理缺陷和漏洞，认真解决存在的突出问题，建立重大危险源监控机制和重大隐患排查治理机制及分级管理制度，消除安全隐患，有效防范和遏制各类生产安全事故的发生，真正落实企业的安全生产主体责任。检查及处理情况应当记录在案。

【要点】

查阅企业定期开展安全自查自纠的相关文件资料及活动记录。

三、对各种安全检查所查出的隐患进行原因分析，制定针对性控制对策。

【释义】

对各种安全检查所查出的隐患进行原因分析，制定针对性控制对策。隐患的原因分析包括直接原因分析、间接原因分析，并制定有针对性的控制对策。

【要点】

查阅企业安全隐患控制对策及活动记录，是否对查出的隐患进行了原因分析，制定的控制对策是否具有针对性。

第二节　隐患治理

【依据】

《中华人民共和国安全生产法》；

《安全生产事故隐患排查治理暂行规定》（国家安全生产监督管理总局令第16号）。

一、制定隐患治理方案，包括目标和任务、方法和措施、经费和物资、机构和人员、时限和要求。

【释义】

《中华人民共和国安全生产法》第十七条中规定：“生产经营单位的主要负责人对本单位安全生产工作负有督促、检查本单位的安全生产工作，及时消除生产安全事故隐患的职责。”

第五十一条规定：“从业人员发现事故隐患或者其他不安全因素，应当立即向现场安全生产管理人员或者本单位负责人报告；接到报告的人员应当及时予以处理。”

隐患排查的目的是为了治理、消除安全隐患，保障生产安全。企业应根据隐患排查的结果，有针对性地制定隐患治理方案，及时治理、消除隐患，包括目标和任务、方法和措施、经费和物资、机构、责任部门和责任人员、时限和要求。

一般事故隐患，由单位负责人或者有关人员立即组织整改。

重大事故隐患，由单位主要负责人组织制定并实施事故隐患治理方案。重大事故隐患治理方案应当包括以下内容：

（一）治理的目标和任务；

（二）采取的方法和措施；

（三）负责治理的机构和人员；

（四）治理的事项和要求；

（五）安全措施和应急预案。

【要点】

查阅企业隐患治理方案的相关文件资料及活动记录，是否包括目标和任务、方法和措施、经费和物资、机构和人员、时限和要求等内容。

二、对上级检查指出或自我检查发现的一般安全隐患，严格落实防范和整改措施，并组织整改到位。

【释义】

对上级检查指出或自我检查发现的一般安全隐患，严格落实防范和整改措施，并组织整改到位。

【要点】

查阅企业相关文件资料及活动记录，是否落实一般安全隐患防范和整改措施，并及时整改到位。

三、重大安全隐患报相关部门备案，做到整改措施、责任、资金、时限和预案“五到位”。（★★）

【释义】

按照《安全生产事故隐患排查治理暂行规定》（国家安全生产监督管理总局令第16号）中的有关规定，企业主要负责人对本单位事故隐患排查治理工作全面负责，是事故隐患排查、治理和防控的责任主体。应当建立健全事故隐患排查治理和建档监控等制度，逐级建立并落实从主要负责人到每个从业人员的隐患排查治理和监控责任制；应当保证事故隐患排查治理所需的资金，建立资金使用专项制度；应当定期组织安全生产管理人员、工程技术人员和其他相关人员排查本单位的事故隐患。对排查出的事故隐患，应当按照事故隐患的等级进行登记，建立事故隐患信息档案，并按照职责分工实施监控治理；应当建立事故隐患报告和举报奖励制度，鼓励、发动职工发现和排除事故隐患，鼓励社会公众举报。对发现、排除和举报事故隐患的有功人员，应当给予物质奖励和表彰。

安全生产事故隐患（以下简称事故隐患），是指生产经营单位违反安全生产法律、法规、规章、标准、规程和安全生产管理制度的规定，或者因其他因素在生产经营活动中存在可能导致事故发生的物的危险状态、人的不安全行为和管理上的缺陷。

重大事故隐患是指危害和整改难度较大，应当全部或者局部停产停业，并经过一定时间整改治理方能排除的隐患，或者因外部因素影响致使生产经营单位自身难以排除的隐患。

企业应当按照国家有关规定将本单位重大危险源及有关安全措施、应急措施，报负有安全生产监督管理的部门和有关部门备案，做到整改措施、责任、资金、时限和预案“五到位”。同时，以便负责安全生产监督管理部门及有关部门及时、全面地掌握重大危险源的分布及具体危害情况，有针对性地采取措施，加强监督管理，防止生产安全事故的发生。同时，了解企业重大危险源的情况、安全措施以及应急措施，也有利于有关部门在发生生产安全事故时及时组织抢救，并为事故的调查处理提供方便。

重大事故隐患报告内容应当包括：

（一）隐患的现状及其产生原因；

（二）隐患的危害程度和整改难易程度分析；

（三）隐患的治理方案。

【要点】

查看企业对重大安全隐患的治理情况，是否按照“五到位”的原则、方法和要求进行的。

四、建立隐患治理台账和档案，有相关的记录。

【释义】

企业应建立健全隐患治理制度，建立隐患治理台账和档案，包括：治理方案、控制措施、评估报告书、验收报告等过程记录，并及时归档保存。

【要点】

查阅企业建立并保存安全隐患排查治理台账等文件资料及活动记录。

五、按规定对隐患排查和治理情况进行统计分析，并向有关部门报送书面统计分析表。

【释义】

隐患排查和治理情况的统计分析的目的是研究制定相应的防范措施。企业应按规定对隐患排查和治理情况进行统计分析，并向有关部门报送书面统计分析表。

【要点】

查阅企业定期对隐患排查和治理情况进行统计分析，是否按要求向有关部门报送。

第十二章 职业健康

本章对企业职业健康管理、工伤保险、危害告知、劳动保护作出了考评规定。改进作业环境,保护从业人员身心健康关系到企业员工的切身利益,关系到企业健康可持续发展和应尽的社会责任与义务。

本章包含4项内容,涉及6个考评要点,考评满分为30分。

第一节 健康管理

【依据】

《中华人民共和国职业病防治法》(主席令第60号)

一、设置或指定职业健康管理机构,配备专(兼)职管理人员。

【释义】

《中华人民共和国职业病防治法》第十九条中规定:用人单位应当设置或者指定职业卫生管理机构或者组织,配备专职或者兼职的职业卫生专业人员,负责本单位的职业病防治工作。

【要点】

查阅企业职业健康管理机构设置的文件资料,核验职业健康管理人员名册及相关证件。

二、按规定对员工进行职业健康检查。

【释义】

《中华人民共和国职业病防治法》第三十二条中规定:"对从事接触职业病危害的作业的劳动者,用人单位应当按照国务院卫生行政部门的规定组织上岗前、在岗期间和离岗时的职业健康检查,并将检查结果如实告知劳动者。职业健康检查费用由用人单位承担。"

劳动者在职业活动中,因接触粉尘、放射性物质和其他有毒、有害物质等因素而易引起各种各样的疾病,就是职业病。职业病防治工作关系广大劳动者身体健康和生命安全,关系到经济社会可持续发展,是落实科学发展观和构建和谐社会的必然要求,是维护广大劳动者根本利益的必然要求。

一般情况下企业要对从业人员每年至少要进行一次常规体检。体检内容主要包括:一般检查、内外科检查、五官科、妇科、血常规、尿检、B超、心电图、X光摄影检查等,并将检查结果如实告知从业人员。

【要点】

查阅企业建立职业健康检查档案及活动记录。

第二节　工 伤 保 险

【依据】

《建设工程安全生产管理条例》(国务院令第393号);

《公路水运工程安全生产监督管理办法》(交通部令2007年第1号)。

一、为从事危险作业人员办理意外伤害险。(★★)

【释义】

《建设工程安全生产管理条例》(国务院令第393号)第三十八条中规定:"施工单位应当为施工现场从事危险作业的人员办理意外伤害保险。

意外伤害保险费由施工单位支付。实行施工总承包的,由总承包单位支付意外伤害保险费。意外伤害保险期限自建设工程开工之日起至竣工验收合格止。"

《公路水运工程安全生产监督管理办法》(交通部令2007年第1号)第三十一条中规定:"施工单位应当为施工现场的人员办理意外伤害保险,意外伤害保险费应由施工单位支付。实行施工总承包的,由总承包单位支付意外伤害保险费。

工伤保险费由生产经营单位按照职工工资总额的一定比例缴纳。工伤保险基金存入银行开设的工伤保险基金专户,专款专用。"

【要点】

核对企业危险作业人员名册,查看办理意外伤害险保单及发票等证明材料。

第三节　危 害 告 知

【依据】

《中华人民共和国职业病防治法》;

《公路水运工程安全生产监督管理办法》(交通部令2007年第1号);

《国家安全监管总局办公厅关于加强职业健康培训工作的通知》(安监总厅安健〔2011〕118号)。

一、对从业人员进行职业健康宣传培训,使其了解其作业场所和工作岗位存在的危险因素和职业危害、防范措施和应急处理措施。

【释义】

《中华人民共和国职业病防治法》第三十条中规定:"用人单位与劳动者订立劳动合同(含聘用合同,下同)时,应当将工作过程中可能产生的职业病危害及其后果、职业病防护措施和待遇等如实告知劳动者,并在劳动合同中写明,不得隐瞒或者欺骗。

劳动者在已订立劳动合同期间因工作岗位或者工作内容变更,从事与所订立劳动合同中未告知的存在职业病危害的作业时,用人单位应当依照前款规定,向劳动者履行如实告知的义务,并协商变更原劳动合同相关条款。"

第三十一条规定:“用人单位应当对劳动者进行上岗前的职业卫生培训和在岗期间的定期职业卫生培训,普及职业卫生知识,督促劳动者遵守职业病防治法律、法规、规章和操作规程,指导劳动者正确使用职业病防护设备和个人使用的职业病防护用品。”

第二十二条规定:“产生职业病危害的用人单位,应当在醒目位置设置公告栏,公布有关职业病防治的规章制度、操作规程、职业病危害事故应急救援措施和工作场所职业病危害因素检测结果。

对产生严重职业病危害的作业岗位,应当在其醒目位置,设置警示标识和中文警示说明。警示说明应当载明产生职业病危害的种类、后果、预防以及应急救治措施等内容。”

《公路水运工程安全生产监督管理办法》(交通部令2007年第1号)第二十七条中规定:“施工单位应当书面告知危险岗位的操作规程并确保其熟悉和掌握有关内容和违章操作的危害。”

职业健康培训是职业健康监管的一项重要基础性工作,是贯彻落实职业病防治工作“预防为主、防治结合”方针的具体体现。按照《国家安全监管总局办公厅关于加强职业健康培训工作的通知》(安监总厅安健〔2011〕118号)的要求,职业健康监管人员和存在职业危害的用人单位主要负责人、职业健康管理人员培训由安全监管部门组织实施,危害严重岗位上的特种作业人员的培训工作按照《特种作业人员安全技术培训考核管理规定》(国家安全监管总局令第30号)执行,特种作业人员外的劳动者培训由企业自行组织实施。

【要点】

抽查从业人员的教育培训的计划、宣讲教材、效果总结及受训人员的签字记录等。

第四节 劳动保护

【依据】

《建设工程安全生产管理条例》(国务院令第393号)。

一、为从业人员提供符合职业健康要求的工作环境和条件,配备与职业健康保护相适应的设施、工具。

【释义】

《建设工程安全生产管理条例》(国务院令第393号)第三十二条中规定:“施工单位应当向作业人员提供安全防护用具和安全防护服装,并书面告知危险岗位的操作规程和违章操作的危害。”

第三十四条规定:“施工单位采购、租赁的安全防护用具、机械设备、施工机具及配件,应当具有生产(制造)许可证、产品合格证,并在进入施工现场前进行查验。

施工现场的安全防护用具、机械设备、施工机具及配件必须由专人管理,定期进行检查、维修和保养,建立相应的资料档案,并按照国家有关规定及时报废。”

企业必须按照国家和《个体防护装备选用规范》(GB/T 11651—2008)的有关规定,为从业人员提供符合国家标准、行业标准的职业危害防护用品,以免遭或减轻事故造成的伤害或职业危害，并督促、教育、指导从业人员按照使用规则正确佩戴、使用，不得发放钱物替代职业危害防护用品。采购的劳保用品必须经过安监部门的质量验收，确保产品质量和规格。

企业应当对职业危害防护用品进行经常性的维护、保养，确保防护用品有效。不得使用不符合国家标准、行业标准或者已经失效的职业危害防护用品。

企业对职业危害防护设施应当进行经常性的维护、检修和保养，定期检测其性能和效果，确保其处于正常状态，不得擅自拆除或者停止使用职业危害防护设施。

【要点】

现场核对作业人员的劳保用品、器具使用管理档案及发放台账。

现场核查从业人员的工作环境，是否按要求配备与职业健康保护相适应的设施、工具。

二、对于会造成职业危害的岗位实行轮岗制度，或定期安排员工休假、疗养。

【释义】

对于会造成职业危害的岗位，企业要实行轮岗制度，或定期安排休假、疗养。

【要点】

查看企业轮岗制度和相关文件资料，查看员工休假、疗养的活动记录。

第十三章 安全文化

本章重点考察企业安全文化建设环境氛围,包括安全环境、安全行为等。构建和宣传企业安全价值是企业实现本质安全管理的需要,是企业实现安全标准化建设的需要。

本章包含2项内容,涉及7个考评要点,考评满分为35分。

第一节 安全环境

【依据】

《国务院关于进一步加强企业安全生产工作的通知》(国发〔2010〕23号);

《关于坚持科学发展安全发展促进安全生产形势持续稳定好转的意见》(国发〔2011〕40号);

《企业安全文化建设导则》(AQ/T 9004—2008)。

一、设立安全文化廊、安全角、黑板报、宣传栏等员工安全文化阵地,每月至少更换两次内容。

【释义】

《关于坚持科学发展安全发展促进安全生产形势持续稳定好转的意见》(国发〔2011〕40号)中明确要求,加强安全教育基地建设,充分利用电视、互联网、报纸、广播等多种形式和手段普及安全常识,增强全社会科学发展、安全发展的思想意识,大力倡导"关注安全、关爱生命"的安全文化。

企业应按照《企业安全文化建设导则》(AQ/T 9004—2008)的有关要求开展企业安全文化建设活动。

安全文化是企业员工群体所共享的安全价值观、态度、道德和行为规范组成的统一体,是企业生产经营活动中逐步形成的、凝结起来的、具有企业特色的一种安全文化氛围,是以提高企业员工的安全素质为主要任务,对人的观念、意识、态度、行为等形成从无形到有形的影响,对人的不安全行为产生控制作用,使所有参与人员身心健康。

【要点】

现场查看企业开展安全文化宣传资料档案及活动记录。

二、公开安全生产举报电话号码、通信地址或者电子邮件信箱。对接到的安全生产举报和投诉及时予以调查和处理。(★★)

【释义】

《国务院关于进一步加强企业安全生产工作的通知》(国发〔2010〕23号)中明确要求,要充分发挥工会、共青团、妇联组织的作用,依法维护和落实企业职工对安全生产的参与权与监督权，鼓励职工监督举报各类安全隐患，对举报者予以奖励。有关部门和地方要进一步畅通安全生产的社会监督渠道，设立举报箱，公布举报电话，接受人民群众的公开监督。

企业应向社会公开安全生产举报电话号码（全国统一开通的安全生产举报投诉电话为“12350”）、通信地址或者电子邮件信箱。明确专人负责受理、转办、督办、反馈和统计汇总举报投诉工作，切实做到24小时开通、专门受理、专人办理，对媒体和群众举报的各类非法违法行为要及时予以调查和处理。

【要点】

查看企业设置的安全生产举报、投诉电话号码及相关措施的落实情况及调查处理等活动记录。

第二节　安全行为

【依据】

《企业安全文化建设导则》（AQ/T 9004—2008）

一、开展安全承诺活动。（★）

【释义】

承诺就是兑现落实安全生产责任，并通过公开承诺这种形式约束和规范自身的行为，接受政府、社会和从业人员的监督。

【要点】

查看企业开展安全承诺活动的文件资料及活动记录。

二、编制安全知识手册，并发放到职工。

【释义】

编制安全知识手册的目的在于让所有从业人员时刻保持安全警钟常鸣，让安全意识常增，让企业发展常安。

【要点】

查看企业安全知识手册。

现场核查从业人员对安全知识手册熟悉和了解情况。

三、组织开展安全生产月活动、安全生产竞赛活动，有方案、有总结。

【释义】

按照全国安全生产月活动组织委员会的要求，成立安全生产月组织机构，具体组织本企业开展“安全生产月”活动。

【要点】

查看企业开展安全文化活动的文件资料及活动记录。

四、对在安全工作中做出显著成绩的集体、个人给予表彰、奖励，并与其经济利益挂钩。

【释义】

企业要对在安全工作中做出显著成绩的集体、个人给予表彰、奖励，并与其经济利益挂钩。

【要点】

查看企业表彰、奖惩的文件资料及活动记录。

五、对安全生产进行检查、评比、考核,总结和交流经验,推广安全生产先进管理方法。

【释义】

企业要经常性地开展安全生产检查、评比、考核,总结和交流经验活动,积极推广安全生产先进管理方法。

【要点】

查看企业开展安全检查、评比、考评,总结和交流工作经验,推广先进管理方法等的文件资料及活动记录。

第十四章　应 急 救 援

本章是关于企业进行应急救援各项工作要求，主要包括应急预案的制定与实施、应急队伍、应急装备、应急演练等。目的是预防重大灾害的出现，或一旦紧急情况出现，可以按照应急预案有计划、有步骤行动，有效地减少经济损失和人员伤亡。

本章包含 5 项内容，涉及 13 个考评要点，考评满分为 85 分。

第一节　预 案 制 定

【依据】

《中华人民共和国安全生产法》；

《生产安全事故应急预案管理办法》(国家安全生产监督管理总局第 17 号令)；

《生产经营单位安全生产事故应急预案编制导则》(AQ/T 9002—2006)；

《生产安全事故应急演练指南》(AQ/T 9007—2011)。

一、制定相应的突发事件应急预案，有相应的应急保障措施。(★★★)

【释义】

《中华人民共和国安全生产法》第十七条中规定："生产经营单位的主要负责人对本单位安全生产工作负有组织制定并实施本单位的生产安全事故应急救援预案的职责。"

生产安全事故应急救援预案是针对本单位在生产生活中可能遇到的事故而预先制定的应对方案，是规范和指导生产安全事故应急救援工作的基础性文件。企业应按照《生产经营单位安全生产事故应急预案编制导则》(AQ/T 9002—2006)的要求进行编制，必须符合现场实际情况，包括通信与交通、物资储备与调遣、社会资源的衔接等，并按照《生产安全事故应急预案管理办法》(国家安全生产监督管理总局第 17 号令)进行评审、发布、备案、培训、演练和修订等工作。

应急预案的编制应当符合下列基本要求：

(一)符合有关法律、法规、规章和标准的规定；

(二)结合本地区、本部门、本单位的安全生产实际情况；

(三)结合本地区、本部门、本单位的危险性分析情况；

(四)应急组织和人员的职责分工明确，并有具体的落实措施；

(五)有明确、具体的事故预防措施和应急程序，并与其应急能力相适应；

(六)有明确的应急保障措施，并能满足本地区、本部门、本单位的应急工作要求；

(七)预案基本要素齐全、完整，预案附件提供的信息准确；

(八)预案内容与相关应急预案相互衔接；

（九）应急预案应当包括应急组织机构和人员的联系方式、应急物资储备清单等附件信息。

【要点】

查阅企业制定的突发事件应急预案和相应的应急保障措施。

二、结合实际将应急预案分为综合应急预案、专项应急预案和现场处置方案。（★★）

【释义】

针对情况的不同，应急预案分为综合应急预案、专项应急预案和现场处置方案。相互之间应当相互衔接，并与当地以及所涉及的其他单位的应急预案相互衔接。应急预案应当包括应急组织机构和人员的联系方式、应急物资储备清单等附件信息，应当经常更新，确保信息准确有效。

"综合应急预案"适用于风险种类多、可能发生多种事故类型的场合。预案应当包括本单位的应急组织机构及其职责、预案体系及响应程序、事故预防及应急保障、应急培训及预案演练等主要内容。

"专项应急预案"适用于单一种类的风险，或存在的重大危险源和可能发生的事故类型。预案应当包括危险性分析、可能发生的事故特征、应急组织机构与职责、预防措施、应急处置程序和应急保障等内容。

"现场处置方案"适用于危险性较大的重点岗位。方案应当包括危险性分析、可能发生的事故特征、应急处置程序、应急处置要点和注意事项等内容。

应急预案的编制应当符合下列基本要求：

（一）符合有关法律、法规、规章和标准的规定；

（二）结合本地区、本部门、本单位的安全生产实际情况；

（三）结合本地区、本部门、本单位的危险性分析情况；

（四）应急组织和人员的职责分工明确，并有具体的落实措施；

（五）有明确、具体的事故预防措施和应急程序，并与其应急能力相适应；

（六）有明确的应急保障措施，并能满足本地区、本部门、本单位的应急工作要求；

（七）预案基本要素齐全、完整，预案附件提供的信息准确；

（八）预案内容与相关应急预案相互衔接。

应急预案每三年至少修订一次，修订情况应有记录并归档。有下列情形之一的，应急预案应当及时修订：

（一）生产经营单位因兼并、重组、转制等导致隶属关系、经营方式、法定代表人发生变化的；

（二）生产经营单位生产工艺和技术发生变化的；

（三）周围环境发生变化，形成新的重大危险源的；

（四）应急组织指挥体系或者职责已经调整的；

（五）依据的法律、法规、规章和标准发生变化的；

（六）应急预案演练评估报告要求修订的；

（七）应急预案管理部门要求修订的。

【要点】

查阅企业制定的综合应急预案、专项应急预案和现场处置方案的文件资料及活动记录。

三、应急预案与当地政府预案保持衔接，报当地有关部门备案，通报有关协作单位。

【释义】

《国务院关于进一步加强企业安全生产工作的通知》（国发〔2010〕23号）中要求："企业应急预案要与当地政府应急预案保持衔接，并定期进行演练。"

按照《生产安全事故应急预案管理办法》（国家安全生产监督管理总局第17号令）的要求，应急预案的备案为中央管理的总公司（总厂、集团公司、上市公司）的综合应急预案和专项应急预案，报国务院国有资产监督管理部门、国务院安全生产监督管理部门和国务院有关主管部门备案；其所属单位的应急预案分别抄送所在地的省、自治区、直辖市或者设区的市人民政府安全生产监督管理部门和有关主管部门备案。

以上所述之外的其他生产经营单位中涉及实行安全生产许可的，其综合应急预案和专项应急预案，按照隶属关系报所在地县级以上地方人民政府安全生产监督管理部门和有关主管部门备案；未实行安全生产许可的，其综合应急预案和专项应急预案的备案，由省、自治区、直辖市人民政府安全生产监督管理部门确定。

工程项目施工单位制定的各合同段应急预案（包括现场处置方案）经项目监理单位审核后，应向建设单位备案。

申请应急预案备案时应当提交以下材料：

（一）应急预案备案申请表；

（二）应急预案评审或者论证意见；

（三）应急预案文本及电子文档。

【要点】

检查企业应急预案及相关文件资料及活动记录，其内容是否与当地政府预案保持衔接。

查阅预案备案的证明文件，是否报有关部门备案、通报有关协作单位。

四、定期评审应急预案，并根据评审结果或实际情况的变化进行修订和完善。

【释义】

企业应对应急演练评估（包括现场点评、书面评估）与总结，并进行资料归档与备案，不断持续改进。

现场点评：应急演练结束后，在演练现场，评估人员或评估组负责人对演练中发现的问题、不足及取得的成效进行口头点评。

书面评估：评估人员针对演练中观察、记录以及收集的各种信息资料，依据评估标准对应急演练活动全过程进行科学分析和客观评价，并撰写书面评估报告。

评估报告重点对演练活动的组织和实施、演练目标的实现、参演人员的表现以及演练中暴露的问题进行评估。

应急演练总结：演练结束后，由演练组织单位根据演练记录、演练评估报告、应急预案、现场总结等材料，对演练进行全面总结，并形成演练书面总结报告。报告可对应急演练准备、策划等工作进行简要总结分析。参与单位也可对本单位的演练情况进行总结。演练总结报告的内容主要包括：

（一）演练基本概要；

（二）演练发现的问题，取得的经验和教训；

（三）应急管理工作建议。

演练资料归档与备案：应急演练活动结束后，将应急演练工作方案以及应急演练评估、总结报告等文字资料，记录演练实施过程的相关图片、视频、音频等资料归档保存。

持续改进：应急演练结束后，组织应急演练的部门（单位）应根据应急演练评估报告、总结报告提出的问题和建议，对应急管理工作（包括应急演练工作）进行持续改进。

组织应急演练的部门（单位）应督促相关部门和人员，制定整改计划，明确整改目标，制定整改措施，落实整改资金，并应跟踪督查整改情况。

按照《生产安全事故应急预案管理办法》（国家安全生产监督管理总局令第 17 号）中的有关规定，企业制定的应急预案应当至少每三年修订一次，预案修订情况应有记录并归档。当有下列情形之一的，应急预案应当及时修订：

（一）因兼并、重组、转制等导致隶属关系、经营方式、法定代表人发生变化的；

（二）工艺和技术发生变化的；

（三）周围环境发生变化，形成新的重大危险源的；

（四）应急组织指挥体系或者职责已经调整的；

（五）依据的法律、法规、规章和标准发生变化的；

（六）应急预案演练评估报告要求修订的；

（七）应急预案管理部门要求修订的。

【要点】

检查企业定期评审应急预案的相关文件资料及预案评审记录。

第二节 预案实施

【依据】

《生产安全事故应急预案管理办法》（国家安全生产监督管理总局第 17 号令）；

《生产经营单位安全生产事故应急预案编制导则》（AQ/T 9002—2006）；

《生产安全事故应急演练指南》（AQ/T 9007—2011）。

一、开展应急预案的宣传教育，普及生产安全事故预防、避险、自救和互救知识。

【释义】

结合日常安全生产工作，应对所有参与人员进行应急预案的宣传教育，普及生产安全事故预防、避险、自救和互救知识。

【要点】

查阅企业开展应急预案的宣传教育等文件资料和活动记录。

二、开展应急预案培训活动，使有关人员了解应急预案内容，熟悉应急职责、应急程序和应急处置方案。（★★★）

【释义】

企业应对所有人员进行应急预案的培训，使岗位人员了解预案的内容，熟悉应急职责、应急程序和应急处置方案。

【要点】

查阅企业开展应急预案培训活动资料。

抽查、询问从业人员是否了解应急预案内容，熟悉应急职责、应急程序和应急处置方案等。

三、发生事故后，及时启动应急预案，组织有关力量进行救援，并按照规定将事故信息及应急预案启动情况报告有关部门。

【释义】

发生事故后，现场人员和应急救援指挥人员，应及时启动应急预案的响应程序，迅速地组织人力、物力进行抢险救灾，减少事故损失和人员伤亡，并按照规定将事故信息及应急预案启动情况报告有关部门。

【要点】

查阅事故档案和应急预案启动、实施情况的相关资料和活动记录。

第三节　应 急 队 伍

【依据】

《中华人民共和国安全生产法》；

《生产安全事故应急预案管理办法》（国家安全生产监督管理总局第 17 号令）；

《生产安全事故应急演练指南》（AQ/T 9007—2011）。

一、建立与本单位安全生产特点相适应的专兼职应急救援队伍，或指定专兼职应急救援人员。

【释义】

企业应根据本单位实际情况，建立专职或兼职安全生产应急救援队伍或者配备专职、兼职应急救援人员，并配备必要的应急救援装备、器材，增强快速有效处置突发事件的能力。未建立专职应急救援队伍的，要与邻近具有专业特长的应急救援队伍签订救援服务协议。

专职安全生产紧急救援队伍是具有一定数量经过专业训练的专门人员、专业抢险救援装备、专门从事事故现场抢救的组织，具有独立进行常规事故抢救的能力。

兼职安全生产应急救援队伍也应当具有存放固定场所、保持完好的专业抢险救援装备，有健全的组织管理制度，其人员也应当具备相关的专业技能，能够熟练使用抢险救援装备，且定期进行专业培训、训练。

【要点】

查阅应急救援队伍名册、服务协议等相关文件资料及活动记录。

检查企业组织开展应急救援人员日常训练的活动记录。

抽查、询问应急救援人员是否熟悉和了解所从事的工作。

二、组织应急救援人员日常训练。

【释义】

企业应组织应急救援人员日常训练，不断提升应急救援人员有效应对各种突发事件的能力。应急工作的领导以及业务骨干人员每年必须轮训一次，其他从事安全生产和应急的工作人员每三年必须进行一次系统培训，每次轮训和系统培训时间原则上不少于36学时。

【要点】

查看企业的相关文件资料及活动记录。

第四节 应急装备

【依据】

《中华人民共和国安全生产法》；

《生产安全事故应急预案管理办法》（国家安全生产监督管理总局第17号令）；

《生产安全事故应急演练指南》（AQ/T 9007—2011）。

一、按照应急预案的要求配备相应的应急物资及装备。

【释义】

应根据现场环境当地自然情况以及应急预案的要求，配备相应的应急物资及装备。

【要点】

查阅应急物资及装备登记台账、日常检查、维护记录，现场检查应急物资及装备。

二、建立应急装备使用状况档案，定期进行检测和维护，使其处于良好状态。

【释义】

企业应建立应急装备使用状况档案，明确应急救援需要使用的应急物资和装备的类型、数量、性能、存放位置、管理责任人及其联系方式等内容。应急物资及装备应定期进行检测、维护和记录，使其处于良好状态。

【要点】

查阅应急装备使用状况档案、检测等相关文件资料和活动记录，检查应急装备是否定期检查和维护，现场检查应急装备。

第五节 应急演练

【依据】

《生产安全事故应急演练指南》（AQ/T 9007—2011）。

一、按照有关规定制定应急预案演练计划，并按计划组织开展应急预案演练。(★★★)

【释义】

企业应当按照《生产安全事故应急演练指南》(AQ/T 9007—2011)的要求，制定本单位的应急预案演练计划，并根据本单位的事故预防重点，明确应急演练的规模、方式、范围、内容、组织、评估、总结等内容。每年至少组织一次综合应急预案演练或者专项应急预案演练，每半年至少组织一次现场处置方案演练，重点管控重大工程、重大危险源和重大隐患每月要进行一次；项目工地、班组要经常性开展应急演练。

具体的演练步骤如下：

(一)年初安全计划应有演练内容；

(二)演练前制定方案：目的、方法、人员、时间、安全措施；

(三)演练记录、参战人员、观摩人员；

(四)总结：安全部门起草，对演练的组织过程，应急反应能力等方面的检验；

(五)评审：通过演练对预案的评审。

应急演练的目的主要是检验应急预案，锻炼应急队伍，磨合应急机制，教育相关单位和从业人员。

【要点】

查阅企业制定的应急预案演练计划及开展应急预案演练的活动资料。

二、应急预案演练结束后，对应急预案演练效果进行评审，撰写应急预案演练评审报告，分析存在的问题，并对应急预案提出修订意见。

【释义】

企业在应急预案演练结束后，应对应急预案演练效果进行评审，分析存在的问题，对演练的组织过程、应急反应能力、资源配备、后勤保障等方面进行分析，找出存在的问题，撰写应急预案演练评审报告，提出及改进和加强应急管理工作的建议，并对应急预案提出修订意见。

【要点】

查看企业的相关文件资料及活动记录，查阅应急预案演练评审报告。

第十五章　事故报告调查处理

本章是关于企业生产安全事故报告和调查处理考评规定。事故发生后必须及时报告，必须严格按照“四不放过”的原则进行事故处理。

本章包含2项内容，涉及7个考评要点，考评满分为50分。

第一节　事故报告

【依据】

《中华人民共和国安全生产法》；

《生产安全事故报告和调查处理条例》（国务院令第493号）；

《国家安全监管总局关于修改〈生产安全事故报告和调查处理条例〉罚款处罚暂行规定〉部分条款的决定》（国家安监总局令第42号）。

一、发生事故及时进行事故现场处置，按相关规定及时、准确、如实向有关部门报告，没有瞒报、谎报、迟报情况。（★★★）

【释义】

《中华人民共和国安全生产法》第十七条中规定：“生产经营单位的主要负责人对本单位安全生产工作负有及时、如实报告生产安全事故的职责。”

第七十条规定：“生产经营单位发生生产安全事故后，事故现场有关人员应当立即报告本单位负责人。单位负责人接到事故报告后，应当迅速采取有效措施，组织抢救，防止事故扩大，减少人员伤亡和财产损失，并按照国家有关规定立即如实报告当地负有安全生产监督管理职责的部门，不得隐瞒不报、谎报或者拖延不报，不得故意破坏事故现场、毁灭有关证据。”

事故发生后，现场有关人员应当立即报告（包括向建设单位、监理单位和事故发生地的行业主管部门以及地方安全监督部门报告）；单位负责人接到报告后，应当于1小时内向事故发生地县级以上人民政府安全生产监督管理部门和负有安全生产监督管理职责的有关部门报告。情况紧急时，事故现场有关人员可以直接向事故发生地县级以上人民政府安全生产监督管理部门和负有安全生产监督管理职责的有关部门报告，并根据现场情况及时联系医疗、公安消防、公安交通管理、海事救助、应急救援抢险队伍联系，将事故造成的损失降到最低。

按照《生产安全事故报告和调查处理条例》（国务院令第493号）第十二条的有关规定，报告事故应当包括下列内容：

（一）事故发生单位概况；

（二）事故发生的时间、地点以及事故现场情况；

（三）事故的简要经过；

（四）事故已经造成或者可能造成的伤亡人数（包括下落不明的人数）和初步估计的直接经济损失；

（五）已经采取的措施；

（六）其他应当报告的情况。

按照《国家安全监管总局关于修改〈生产安全事故报告和调查处理条例〉罚款处罚暂行规定〉部分条款的决定》（国家安监总局令第42号）中第五条的规定，迟报、漏报、谎报和瞒报，依照下列情形认定：

（一）报告事故的时间超过规定时限的，属于迟报；

（二）因过失对应当上报的事故或者事故发生的时间、地点、类别、伤亡人数、直接经济损失等内容遗漏未报的，属于漏报；

（三）故意不如实报告事故发生的时间、地点、初步原因、性质、伤亡人数和涉险人数、直接经济损失等有关内容的，属于谎报；

（四）隐瞒已经发生的事故，超过规定时限未向安全监管监察部门和有关部门报告，经查证属实的，属于瞒报。

【要点】

查看企业生产安全事故统计报表、事故快报记录、事故台账及活动记录。

查看企业是否及时如实上报事故。

查看政府有关部门事故责任认定书，是否认定企业在事故应承担相应的责任。

二、跟踪事故发展情况，及时续报事故信息，建立事故档案和事故管理台账。

【释义】

企业应建立事故档案和事故管理台账，跟踪事故发展情况。当事故快报后出现新情况时，应当及时补报、续报事故信息。如：自事故发生之日起30日内，事故造成的伤亡人数发生变化的，应当及时补报。道路交通事故、火灾事故自发生之日起7日内，事故造成的伤亡人数发生变化的，应当及时补报。

【要点】

查看企业的事故报告、事故台账等活动记录。

第二节　事故处理

【依据】

《中华人民共和国安全生产法》；

《生产安全事故报告和调查处理条例》（国务院令第493号）。

一、接到事故报告后，迅速采取有效措施，组织抢救，防止事故扩大，减少人员伤亡和财产损失。

【释义】

《中华人民共和国安全生产法》第七十条中规定：“单位负责人接到事故报告后，应当迅速采取有效措施，组织抢救，防止事故扩大，减少人员伤亡和财产损失。”

事故单位在接到事故报告后，应当立即启动事故应急救援预案，采取有效措施，联系救援救护，组织抢救被困人员，防止事故扩大，减少人员伤亡和财产损失。

【要点】

查看企业的事故处置活动记录。

二、发生事故后，按规定成立事故调查组，积极配合各级人民政府组织的事故调查，随时接受事故调查组的询问，如实提供有关情况。

【释义】

按照《生产安全事故报告和调查处理条例》（国务院令第 493 号）中的有关要求，一般发生了人员死亡事故后，都是由政府部门负责按照管理权限组织事故调查，事故单位应积极配合事故调查组，随时接受询问，如实提供有关情况。事故中仅有人员重伤以下的情况，政府部门可以授权事故企业负责组织事故调查组进行事故调查。事故调查报告报送负责事故调查的人民政府后，事故调查工作即告结束。事故调查的有关资料应当归档保存。

事故调查组的组成应当遵循精简、效能的原则。根据事故的具体情况，事故调查组由安全生产监督管理部门、负有安全生产监督管理职责的有关部门、监察机关以及工会派人组成。事故调查组可以聘请有关专家参与调查。

事故调查组有权向有关单位和个人了解与事故有关的情况，并要求其提供相关文件、资料，有关单位和个人不得拒绝。

事故发生单位的负责人和有关人员在事故调查期间不得擅离职守，并应当随时接受事故调查组的询问，如实提供有关情况。

【要点】

查看企业的与事故有关文件资料、事故台账及活动记录。

三、按时提交事故调查报告，分析事故原因，落实整改措施。

【释义】

事故调查组应当自事故发生之日起 60 日内提交事故调查报告；特殊情况下，经负责事故调查的人民政府批准，提交事故调查报告的期限可以适当延长，但延长的期限最长不超过 60 日。

事故调查组履行下列职责：

（一）查明事故发生的经过、原因、人员伤亡情况及直接经济损失；

（二）认定事故的性质和事故责任；

（三）提出对事故责任者的处理建议；

（四）总结事故教训，提出防范和整改措施；

（五）提交事故调查报告。

事故调查报告应当包括下列内容：

（一）事故发生单位概况；

（二）事故发生经过和事故救援情况；

（三）事故造成的人员伤亡和直接经济损失；

（四）事故发生的原因和事故性质；

（五）事故责任的认定以及对事故责任者的处理建议；

（六）事故防范和整改措施。

事故调查报告应当附具有关证据材料。事故调查组成员应当在事故调查报告上签名。

【要点】

查看企业的相关文件资料及活动记录。

四、发生事故后，及时召开安全生产分析通报会，对事故当事人的聘用、培训、考核、上岗以及安全管理等情况进行责任倒查。

【释义】

发生事故后，事故发生单位应当及时召开安全生产分析通报会，对事故当事人的聘用、培训、考核、上岗以及安全管理等情况进行责任倒查，并按照负责事故调查的人民政府的批复，对本单位负有事故责任的人员进行处理。对负有事故责任的人员涉嫌犯罪的，依法追究刑事责任，使所有从业人员认真吸取事故教训，落实防范和整改措施，防止事故再次发生。防范和整改措施的落实情况应当接受工会和职工的监督。

国家安全生产监督管理部门和负有安全生产监督管理职责的有关部门应当对事故发生单位落实防范和整改措施的情况进行监督检查。

【要点】

查看企业事故通报会议等相关文件资料及活动记录。

五、按“四不放过”原则严肃查处事故，严格追究责任领导和相关责任人。处理结果报有关部门备案。（★）

【释义】

“四不放过”原则即：原因没有查清不放过，责任人没有受到严肃处理不放过，广大群众没有受到教育不放过，防范措施没有落实不放过。

事故发生单位应当按照负责事故调查的人民政府的批复，对本单位负有事故责任的人员按“四不放过”原则严肃查处事故，严格追究责任领导和相关责任人。对负有事故责任的人员涉嫌犯罪的，依法追究刑事责任。处理结果报有关部门备案。

“四不放过”的目的是要求对生产安全事故必须进行严肃认真的调查处理，接受教训，防止同类事故重复发生。

【要点】

查看企业的生产安全事故后相关文件资料及活动记录。

第十六章　绩效考评与持续改进

本章是关于对企业安全生产绩效考评与持续改进考评规定，包括绩效评定、持续改进、安全管理体系建设等内容，目的是使企业的安全生产管理持续不断进步。

本章包含 3 项内容，涉及 3 个考评要点，考评满分为 35 分。

第一节　绩效评定

一、每年至少一次对本单位安全生产标准化的实施情况进行评定，对安全生产工作目标、指标的完成情况进行综合考评。

【释义】

企业根据本单位的安全生产工作实际情况，每年至少一次对本单位安全生产标准化的实施情况进行自主评定，验证各项安全生产条件的适宜性、充分性和有效性。通过全面、系统地与本标准要求逐条、逐项进行判断和对比，按照符合或存在差异的程度进行打分，经综合分析得出反映企业整体安全生产工作状况的结论，目的是总结安全生产工作现状，查找需要改进的问题，明确下一步的工作方向。

自主评定可以是企业依靠自身资源组织进行的，也可以聘请外部有能力的咨询服务机构、人员参与进行。

企业主要负责人应对绩效评定工作全面负责。评定工作应形成正式文件，并将结果向所有部门、所属单位和从业人员通报，作为年度考评的重要依据。

【要点】

查看企业安全生产标准化内部考评的相关文件资料及活动记录。

第二节　持续改进

一、提出进一步完善安全标准化的计划和措施，对安全生产目标、指标、管理制度、操作规程等进行修改完善。

【释义】

实行安全绩效管理的关键在于持续改进。企业要通过对一定时期的评定结果进行认真分析，按照 PDCA 滚动模式，促使安全管理工作规范化和条理化，不断发现问题，不断纠正缺陷，不断自我完善，不断提高安全生产管理水平。

【要点】

查看企业的相关文件资料及活动记录。

第三节　安全管理体系建设

【依据】

《中央企业安全生产监督管理暂行办法》(国务院国有资产监督管理委员会令第21号);

《公路水运工程安全生产监督管理办法》(交通部令2007年第1号)。

一、根据企业生产经营实际,建立相应的安全管理体系,规范安全生产管理,形成长效机制。(★)

【释义】

企业安全管理体系是指企业全部管理体系中专门管理安全工作的部分,包括为制定、实施、实现、评审和保持安全方针、目标所需的组织机构、规划活动、职责、惯例、程序、过程和资源。

安全管理体系是企业自身发展的要求。随着企业规模扩大和生产集约化程度的提高,对企业的质量管理和经营模式提出了更高的要求。企业必须采用现代化的管理模式,使包括安全生产管理在内的所有生产经营活动科学化、规范化和法制化。

《中央企业安全生产监督管理暂行办法》(国务院国有资产监督管理委员会令第21号)第十三条中规定:"中央企业应当建立健全安全生产管理体系,积极推行和应用国内外先进的安全生产管理方法、体系等,实现安全生产管理的规范化、标准化、科学化、现代化。

中央企业安全生产管理体系应当包括组织体系、制度体系、责任体系、风险控制体系、教育体系、监督保证体系等。"

《公路水运工程安全生产监督管理办法》(交通部令2007年第1号)第二十条中规定:施工单位应当建立健全安全生产责任制度和安全生产教育培训制度及安全生产技术交底制度,制定安全生产规章制度和操作规程,保证本单位安全生产条件所需资金的投入,对所承担的公路水运工程进行定期和专项安全检查,并做好安全检查记录。

【要点】

查看企业的相关文件资料及活动记录。